MIKROSKOP
Was dem Auge verborgen bleibt

FLUGZEUGE
Der Traum vom Fliegen

HUNDE
Helden auf vier Pfoten

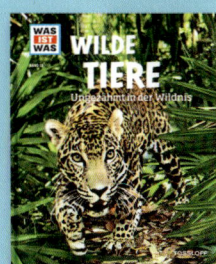
WILDE TIERE
Unter Zähnen der Wildnis

DINOSAURIER
Im Reich der Riesenechsen

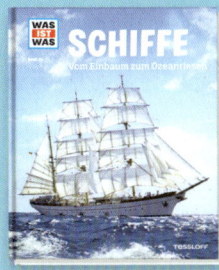
SCHIFFE
Vom Einbaum zum Ozeanriesen

PFERDE
Von frechen Fohlen und wilden Mustangs

WÜSTEN
Nomaden, Oasen und endlose Weiten

ERFINDUNGEN
Genie und Geistesblitz

VÖGEL
Akrobaten der Lüfte

EISENBAHN
Mit Schienen in die Zukunft

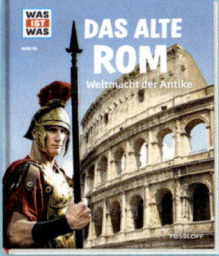
DAS ALTE ROM
Weltmacht der Antike

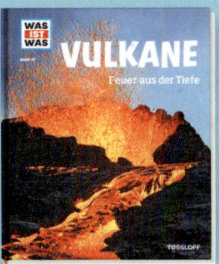
VULKANE
Feuer aus der Tiefe

KATZEN
Flinke Jäger auf Samtpfoten

DIE ALTEN GRIECHEN
Götter, Helden, Dichter

NATUR-GEWALTEN
Unberechenbar und mächtig

DIE SIEBEN WELTWUNDER
Schätze der Antike

WALE UND DELFINE
Die sanften Riesen

RITTER
Burgen, Turniere, edle Frauen

REGENWALD
Grüner Schatz der Erde

EUROPA
Menschen, Länder und Kultur

FEUERWEHR
Retter im Einsatz

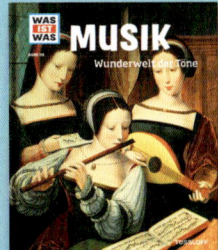
MUSIK
Wunderwelt der Töne

BAUERNHOF
Tiere, Pflanzen und Maschinen

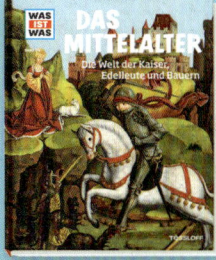
DAS MITTELALTER
Die Welt der Kaiser, Edelleute und Bauern

ROBOTER
Schlaue und starke Helfer

AMEISEN UND TERMITEN
Fleißige Baumeister

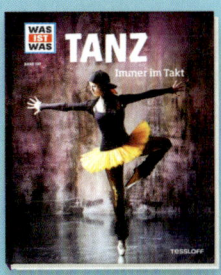
TANZ
Immer im Takt

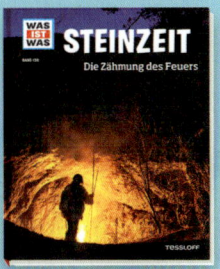
STEINZEIT
Die Zähmung des Feuers

Die Reihe wird fortgesetzt.

Karsten Schwanke

WETTER
Sonne, Wind und Wolkenbruch

TESSLOFF

Hier siehst du,
wo du bist!

Wo ist was?

Grüner Schleim am Himmel? Nein. Das sind Polarlichter!

Seite **11**

Die mit ▶ markierten Seiten könnten dich besonders interessieren!

Seite **18**

Achtung! Ein Staubteufel naht...

Satelliten im All liefern wichtige Informationen für die Wettervorhersage.

Seite 31

In jeder Sekunde gibt es auf unserer Erde etwa 100 Blitze.

Hier findest du die wichtigsten Begriffe kurz erklärt.

Seite 32

In den Subtropen gibt es die großen Wüsten der Erde.

Im »Auge« des Hurrikans

Fast wolkenfrei und windstill: »Auge« des Hurrikans

Michael sieht es ganz deutlich: Ein Hurrikan ist im Anmarsch! Das neueste Satellitenbild zeigt das Zentrum des Wirbelsturms auf dem Atlantik, etwa 200 Kilometer vor der Südspitze Floridas. Ein letzter Blick auf den Computer – und los geht's zum Flughafen in Tampa. Michael ist Meteorologe und arbeitet am Nationalen Hurrikanzentrum in Miami in den USA. Seine Kollegen warten schon, die Motoren laufen. Ein kurzes »Hallo« zum Kapitän und Michael steigt in das Forschungsflugzeug. Kurz darauf hebt die Maschine mit lautem Dröhnen vom Boden ab. Es ist ein robustes Flugzeug mit vier Propellermotoren. Selbst wenn zwei Motoren ausfallen sollten, kann das Flugzeug weiterfliegen. Beruhigend zu wissen! Denn Michael und seine Kollegen sind auf dem Weg zu einem der stürmischsten Orte der Welt – mitten hinein in einen Hurrikan!

Gefährlicher Wirbelsturm

Hurrikane sind die gewaltigsten Stürme, die es auf der Erde gibt. Sie werden bis zu 1 000 Kilometer breit, bringen riesige Regenmengen und Sturmwinde bis zu 300 Stundenkilometer. Sie wühlen das Meer auf und schieben gewaltige Sturmfluten auf die Küsten zu. Vor allem die Küstenorte sind von Überschwemmungen bedroht. Die Wissenschaftler im Hurrikan-Vorhersagezentrum in Miami wollen herausfinden, wohin sich der Wirbelsturm bewegt. Bleibt er über dem Meer oder wird er auf die Küste zurasen? Müssen die Bewohner gewarnt werden? Um das herauszufinden, müssen Michael und seine

Kollegen mitten in den Hurrikan fliegen und wichtige Wetterdaten sammeln. Im Inneren des Forschungsflugzeugs ist nicht viel Platz. Überall stehen Computer und flackern Bildschirme. Noch etwa 50 Kilometer bis zum »Auge« des Hurrikans.

Riskante Forschung

Die Erschütterungen werden immer heftiger. Michael blickt aus dem Fenster und sieht: Nichts! Nur dunkle Wolken und Regentropfen, die gegen die Scheiben peitschen. Und immer wieder Blitze. Das Flugzeug wird in der Luft hoch- und runtergerissen. Nichts für schwache Nerven. Michael überprüft die Messgeräte. Sie laufen zuverlässig und zeigen an, wo es gerade am stärksten regnet, welche Windgeschwindigkeiten da draußen herrschen, messen Temperaturen und Luftfeuchtigkeit. Langsam nähern sie sich

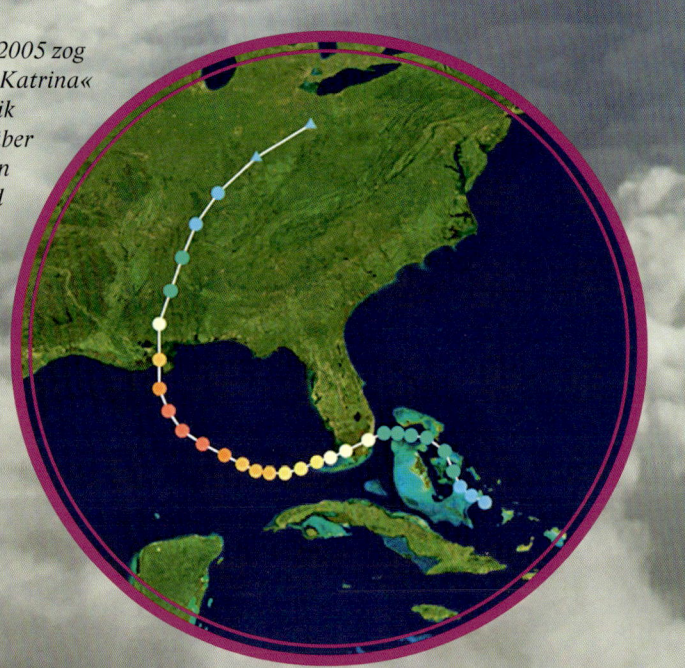

Im August 2005 zog Hurrikan »Katrina« vom Atlantik kommend über den Golf von Mexiko und traf auf die Südküste der USA.

Forschungsflugzeuge auf dem Weg
ins »Auge« eines Hurrikans.

*Erfahrene Piloten
steuern das
Forschungsflugzeug
mitten in den
Hurrikan »Katrina«.*

ihrem Ziel. Die Turbulenzen werden immer
schlimmer, die Blitze immer häufiger. Die
gewaltigsten Gewitterwolken versammeln
sich unmittelbar um das Zentrum des
Wirbelsturms, sie sind bis zu 16 Kilometer
hoch! Es knallt, es wackelt – das Flugzeug
wird durchgeschüttelt, als wäre es in eine
gigantische Waschmaschine geraten.
Dann plötzlich: Ruhe! Sonnenlicht!

Meteorologen helfen

Geschafft! Sie sind mittendrin in den sich
drehenden Wolkenmassen. Dieses sogenannte
»Auge« des Hurrikans ist einige Kilometer
breit, nahezu windstill und fast wolkenfrei.
Jetzt ist für Michael der wichtigste Moment
gekommen: An Fallschirmen wirft er
Messgeräte ab, die den Luftdruck mitten im
Hurrikan messen. Das ist die wichtigste
Messgröße, um einschätzen zu können, wie
gewaltig der Sturm ist. Die Daten werden
von der Mess-Sonde ans Flugzeug gefunkt
und von dort direkt an die Kollegen nach
Miami. Schon auf dem Rückweg nach Hause
berechnen Computer die neueste Zugbahn
des Hurrikans. In einem Tag wird er die
Küste Floridas erreichen. Der Einsatz der
Meteorologen hat sich gelohnt: Die Menschen
sind rechtzeitig gewarnt und können sich
vor dem Sturm in Sicherheit bringen.

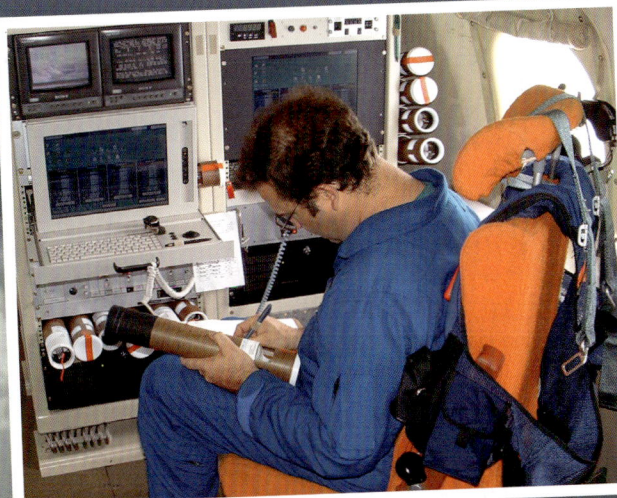

*Meteorologen bereiten ein Messgerät
zum Abwurf in den Hurrikan vor.*

Wo kommt das Wetter her?

Wir frieren bei eiskaltem Wind, werden von Regen oder Schnee nass und schwitzen in der sommerlichen Hitze: Wetter begegnet uns immer und überall! Aber wo kommt das Wetter her? Natürlich vom Himmel! Dort hängen die Wolken herum – von dort fällt der Regen auf uns herab und tanzen die Schneeflocken auf den Erdboden. Der Himmel scheint unendlich groß zu sein – aber das ist er nicht. Auf Fotos von Wettersatelliten erscheint unser Himmel nicht dicker als die Schale eines Hühnereis. Den besseren Blick haben die Astronauten auf der Internationalen Raumstation ISS. Sie fliegt in rund 350 Kilometern Höhe über die Erde hinweg. Aus dem Weltall können die Astronauten deshalb den blauen Himmel, aber auch mächtige Gewitterwolken wunderbar erkennen. Atmosphäre heißt diese dunstige Lufthülle um unseren Planeten. Sie reicht vom Erdboden bis in eine Höhe von etwa 100 Kilometern.

Kein Wetter ohne Wärme

Die Atmosphäre allein macht jedoch noch kein Wetter. Der Hauptantrieb für das Wettergeschehen ist unsere Sonne. Sie schickt nicht nur Licht, sondern vor allem Wärme. Diese Wärme lässt Winde wehen, Wasser verdampfen, Wolken entstehen und wieder abregnen. Die Lufthülle um unserer Erde hält die Wärme der Sonne fest – wie das Glasdach in einem Gewächshaus. Deshalb können wir uns über eine weltweite Durchschnittstemperatur von +15 Grad Celsius freuen – beste Bedingungen für alle Lebewesen. Ohne unsere Atmosphäre läge die Temperatur bei nur -18 Grad Celsius!

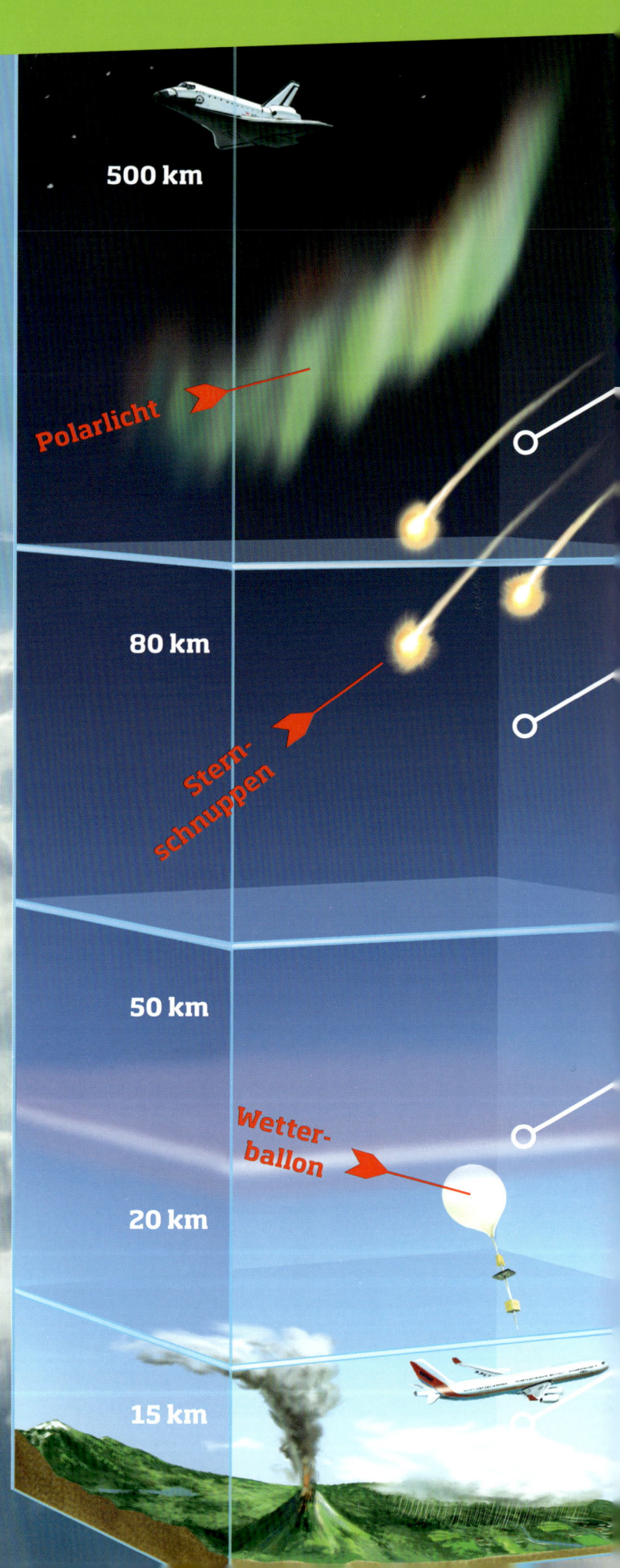

500 km

Polarlicht

80 km

Sternschnuppen

50 km

Wetterballon

20 km

15 km

Die Atmosphäre besteht aus mehreren Schichten und reicht vom Erdboden bis ins Weltall.

Kleine Teilchen des Sonnenwindes können noch in die Thermosphäre eindringen. Hier sehen wir in klaren Winternächten die Polarlichter.

In der Mesosphäre gibt es noch so viel Luft, dass sich Raumschiffe im Landeanflug gehörig aufheizen. Durch die Reibung der Luftmoleküle entstehen Temperaturen von 1 500 Grad Celsius – Sternschnuppen verglühen hier.

Die Stratosphäre liegt weit über dem Wettergeschehen. In der Stratosphäre befindet sich die Ozonschicht. Sie schwächt die ultraviolette Strahlung der Sonne ab.

Unser Wetter entsteht in der Troposphäre. Sie ist die unterste Schicht der Lufthülle, die unseren Planeten umgibt. Die Temperaturen sinken bis auf –60 Grad Celsius.

Warum gibt es Jahreszeiten?

Das Wetter bei uns in Europa ist nicht das ganze Jahr über gleich. Die Temperaturen verändern sich im Laufe eines Jahres und führen zu den vier Jahreszeiten. Wie entstehen Frühling, Sommer, Herbst und Winter? Schaue dir mal einen Globus genauer an. Der steht immer etwas schief! Denn unsere Erde »fliegt« nicht gerade, sondern schräg durch das Weltall. Die Erdachse – also die Linie zwischen Nord- und Südpol – ist geneigt. Bei der Drehung der Erde um die Sonne spielt das eine große Rolle.

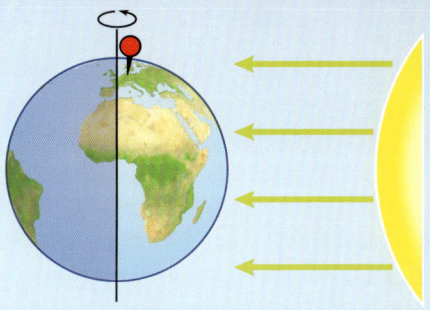

21. März: Frühling

Einmal um die Sonne

Die Erde dreht sich in einem Jahr einmal um die Sonne. Im Dezember zeigt die Südhalbkugel näher zur Sonne und im Juni die Nordhalbkugel. Für uns sieht es so aus, als ob die Sonne im Juni höher steht und länger scheint als im Dezember. Im Juni bekommen wir auf der Nordhalbkugel viel mehr Sonnenenergie als im Dezember – es wird wärmer. Da die Luft aber immer eine Weile braucht, bis sie richtig erwärmt ist, dauert es etwas länger, bis im Sommer die höchsten Temperaturen erreicht werden: Nicht Ende Juni zum Sonnenhöchststand, sondern erst Ende Juli, Anfang August ist es bei uns am heißesten. Für die Menschen auf der Südhalbkugel ist es natürlich genau anders herum: Dort haben sie es im Januar am wärmsten, im Juli am kältesten.

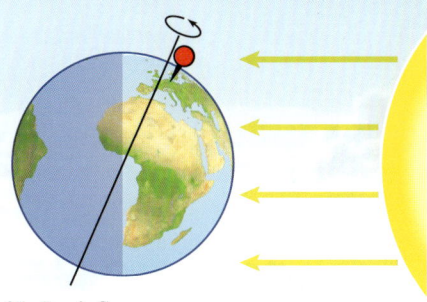

21. Juni: Sommer

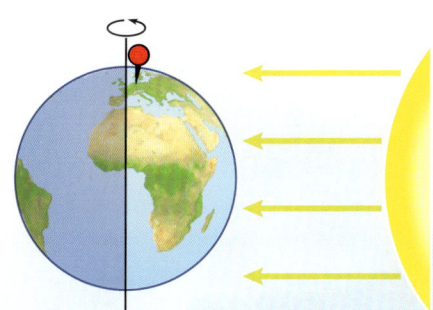

23. September: Herbst

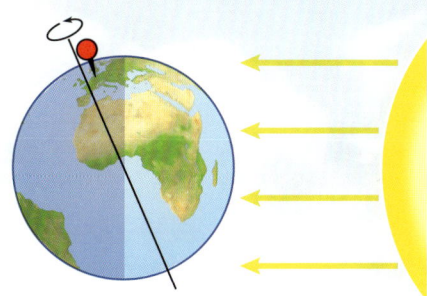

21. Dezember: Winter

Heiß und kalt

Zum Skifahren geht's – natürlich – in die Berge! Nicht nur, weil es dort steile Hänge und Pisten gibt, sondern weil dort auch zuverlässig viel Schnee liegt. Dort findet der Winter garantiert statt, während es bei uns zu Hause schon mal matschig oder regnerisch sein kann. Denn im Gebirge ist es kälter als im Flachland. Je höher wir kommen, desto kühler wird es. Im Durchschnitt nimmt die Temperatur um ungefähr 0,65 Grad pro 100 Meter ab. In trockener Luft kann die Temperaturabnahme sogar fast 1 Grad betragen. Doch warum ist es dort oben kälter?

Nimm eine Luftpumpe für dein Fahrrad und pumpe einen Reifen auf. Du wirst merken: Die Luftpumpe wird durch das Zusammenpressen der Luft immer wärmer. Ähnliches passiert in einem Tal. Es ist dort wärmer als auf dem Berg, weil unten im Tal die Luft zusammengepresst wird – die Luft ist dichter. Auf dem Berg dagegen wird die Luft nicht so stark zusammengepresst – sie kann sich weiter ausdehnen. Und wenn sich ein Gas wie der Sauerstoff in der Luft ausdehnt, kühlt es ab. Deshalb ist es auf den Bergen kühler.

Was ist die »gefühlte Temperatur«?

In Wetterberichten wird manchmal von einer »gefühlten Temperatur« gesprochen. Die Idee stammt aus den USA, wo tagtäglich neben der normalen Temperatur auch die »windchill«-Temperatur angegeben wird. Windchill bedeutet, dass der kühlende Effekt des Windes in die Temperatur mit eingerechnet wird. Gerade im Winter macht es einen enormen Unterschied, ob es windstill ist oder stürmisch. Je windiger es ist, desto schneller kühlen wir aus und fangen an zu frieren. Damit wir uns darauf einstellen – und entsprechend anziehen können, wird die gefühlte Temperatur vor allem bei kaltem Wind angegeben.

Extrem heiß

In einigen Regionen der Erde herrschen extreme Temperaturen. Der wärmste Erdteil ist Afrika. Hier ist die Sonnenstrahlung sehr intensiv, weil der Kontinent am Äquator liegt. Im Norden Afrikas breitet sich die größte Wüste der Welt aus – die Sahara. Niederschläge gibt es wenig, in manchen Jahren regnet es dort überhaupt nicht. In den Wüstengebieten der Erde steigen die Temperaturen oft auf über 50 Grad Celsius. Direkt am Erdboden wurden sogar schon mehr als 70 Grad Celsius gemessen. Dann können selbst hitzebeständige Pflanzen nicht überleben. Die einzigen Lebewesen sind winzige Bakterien im Wüstensand.

Extrem kalt

Nicht alle Wüsten sind heiß und trocken. Die Gebiete rund um den Nord- und Südpol, die Arktis und Antarktis, sind ebenfalls Wüsten – allerdings Kältewüsten. Der kälteste Kontinent ist die Antarktis, wo es durchschnittlich minus 50 Grad Celsius kalt ist. Kein Wunder, dass sich hier der größte Eisschild der Erde gebildet hat. Die Landmassen sind von einem vier Kilometer dicken Eispanzer bedeckt. Für die wenigen Forscher, die hier leben, heißt es also: warm anziehen!

Temperatur selber messen

Die Temperatur kannst du leicht selber messen. Die Frage ist nur: Wo soll das Thermometer hängen? Direkt am Fenster oder an der Hauswand ist ungeeignet. Denn gerade bei Sonnenschein ist es an der Hauswand viel wärmer als im Schatten. Besser ist ein schattiges Plätzchen im Garten.

Angeberwissen

▶ Je höher ein Ort liegt, desto dünner ist die Luft. Der Luftdruck ist niedriger als auf Höhe des Meeresspiegels.

▶ Deshalb besteigen viele Bergsteiger einen Berg wie den Mount Everest mit Sauerstoffflaschen und Atemmaske.

▶ Mit einer Höhe von 8 848 Metern ist der Mount Everest der höchste Berg der Welt!

Das Death Valley in den USA ist eines der heißesten Gebiete der Erde. Hier lag der Hitzerekord bei 56,7 Grad Celsius im Jahr 1913.

Die weltweit tiefste Temperatur liegt bei −93,2 Grad Celsius. Sie wurde am 10. August 2010 an einer unbewohnten Stelle im Osten der Antarktis gemessen.

Licht an!

Die Luftteilchen machen es möglich: Unsere Atmosphäre kann in den schönsten Farben schillern oder verrückte Bilder in den Himmel zaubern. Das Spiel des Sonnenlichts mit Molekülen, Staubteilchen oder Eiskristallen – hier erfährst du, was dahintersteckt!

Abendrot und Morgenrot

Der Himmel kann nicht nur blau sein! Vor allem abends leuchtet er manchmal im schönsten Rot, Pink oder Orange. Bei diesem Farbspiel wird das Sonnenlicht abgelenkt. Da beim Sonnenaufgang beziehungsweise Sonnenuntergang der Weg des Lichtes durch die Atmosphäre länger ist, werden nicht nur die Blautöne, sondern zunehmend auch gelbes und oranges Licht von den Luftmolekülen zur Seite gelenkt – in den Himmel hinein. Der Effekt wird noch größer und farbenprächtiger, wenn die Luft kleinste Wasserdampftröpfchen oder Staubpartikel enthält. So kann ein kräftiges Abendrot auch ein neues Schlechtwettergebiet andeuten, das Niederschläge bringt. Deshalb heißt eine alte Bauernregel: »Abendrot – schlecht Wetter droht!«

Polarlichter »tanzen« über den Himmel und sind besonders gut in klaren Winternächten zu erkennen.

Diese farbige Lichterscheinung um die Sonne nennt man Halo. Ein Halo-Effekt entsteht dadurch, dass das Sonnenlicht von kleinsten Eiskristallen in der Luft abgelenkt wird. Diese Eiskristalle sind meist als dünner, gleichmäßiger Wolkenschleier zu erkennen – durch den die Sonne hindurchscheint.

Polarlichter

Polarlichter erleuchten in langen, dunklen Winternächten die Regionen in der Nähe des Nord- und Südpols. Sie leuchten blaugrün und bewegen sich über den Himmel. Polarlichter gibt es, weil die Sonne neben dem Licht und der Wärme auch elektrisch geladene Teilchen in den Weltraum schleudert. Das ist der sogenannte Sonnenwind. Treffen diese Teilchen auf die Erde, werden sie vom Magnetfeld der Erde zum Nordpol und Südpol abgelenkt. Dort treffen sie in der Atmosphäre auf Luftteilchen, die von der Energie des Sonnenwindes zum Leuchten gebracht werden.

Warum ist der Himmel blau?

Das Licht, das von der Sonne kommt, ist nicht gelb. Es ist weiß!
Denn die verschiedenen Einzelfarben, die wir zum Beispiel vom Regenbogen kennen, ergeben zusammen weiß. Violett, blau, grün, orange, gelb und rot: All diese Farben stecken in dem weißen Licht der Sonne. Ihr weißes Licht trifft in der Atmosphäre auf die klitzekleinen Luftteilchen, die Moleküle. Die Luftmoleküle lenken das Licht unterschiedlich stark ab. Blaues Licht wird stark zur Seite abgelenkt, gelbes und rotes Licht hingegen fast gar nicht. Deshalb sehen wir das abgelenkte blaue Licht im Himmel, während das direkte Sonnenlicht ohne die Blauanteile für uns eher gelblich scheint.

Unglaublich!

In Wüstengebieten soll es schon vorgekommen sein, dass Menschen eine Oase sahen, die es dort aber gar nicht gab. Sie sahen in Wirklichkeit eine Fata Morgana: Eine Luftspiegelung! Sie entsteht, wenn die Luft in der Nähe der Erdoberfläche große Temperaturunterschiede aufweist – also zum Beispiel der Erdboden sehr heiß ist. Dann wirken diese heißen Luftschichten wie ein Spiegel, an dem sich Sonnenstrahlen brechen. Das führt dazu, dass man weit entfernte Objekte plötzlich wesentlich näher und auf dem Kopf stehend sieht. Auf dem heißen Asphalt einer Straße hat man den Eindruck, dass Wasser den Boden bedeckt.

Was ist Wind?

Ganz einfach: bewegte Luft. Ok – aber warum bewegt sich denn die Luft? Wind entsteht in erster Linie durch Wärme und Kälte. Stell dir ein Lagerfeuer vor: Die heißen Flammen schießen nach oben. Genauso passiert es mit warmer Luft – auch wenn sie nicht so heiß ist wie das Feuer. Sobald die Sonne auf die Erde scheint, wird die Erdoberfläche erwärmt. Dadurch wiederum erwärmt sich auch die Luft unmittelbar über der Erde. Das kannst du sogar sehen, wenn du an einem sonnigen Tag über den dunklen Asphalt einer langen, geraden Straße schaust. Die Luft flimmert. Du siehst die Entstehung des Windes! Die warme Luft steigt unregelmäßig auf – in kleineren und größeren Blasen. Dann muss natürlich andere Luft von der Seite nach-fließen, sonst wäre dort ja auf einmal nichts. Also wird durch das Aufsteigen einer Luftblase neue Luft vom Straßenrand zur Straßenmitte gesaugt und es gibt einen kleinen Luftzug. Der Wind weht.

Welche Winde wehen wo?

Durch die Drehung der Erde haben sich verschiedene Windsysteme herausgebildet. Wir in Mitteleuropa leben zum Beispiel in der sogenannten »Westwindzone« der gemäßigten Breiten. Bei uns weht der Wind zwar nicht immer, aber oft aus westlichen Richtungen. Man sagt auch: Unser Wetter kommt vom Atlantik!
In den Subtropen weht der Wind meist das ganze Jahr lang aus Nordost oder Südost (auf der Nord- beziehungsweise der Südhalb-kugel). In den Polarregionen, also rund um den Nordpol und den Südpol, weht der Wind meist aus östlichen Richtungen.

Polares Hoch
60° Subpolare Tiefdruckrinne
Westwindzone
30° Subtropischer Hochdruckgürtel
Nordostpassat
0° Äquatoriale Tiefdruckrinne
Südostpassat
30° Subtropischer Hochdruckgürtel
Westwindzone
60° Subpolare Tiefdruckrinne
Polares Hoch

Auf der Erde gibt es mehrere Windsysteme, die einen großen Einfluss auf unser Wettergeschehen haben.

WINDSTÄRKE 11

Orkanartiger Sturm: heftige Böen, schwere Sturmschäden in Wäldern, Dächer werden abgedeckt, Autos aus der Spur geworfen, Gehen ist unmöglich.

WINDSTÄRKE 5

Frischer Wind: größere Zweige und Bäume bewegen sich, Wind deutlich hörbar.

WINDSTÄRKE 2

Leichter Wind: Blätter rascheln, Wind im Gesicht spürbar.

So kannst du erkennen, wie stark der Wind weht

Vor rund 200 Jahren entwickelte der Hydrograf Sir Francis Beaufort eine Windskala, um für die Segelschiffe dieser Zeit endlich vergleichbare Windangaben einführen zu können. Er beobachtete die Wellen und verglich sie mit der Windgeschwindigkeit. Daraus entstand seine Windskala, in die später auch die typischen Erkennungsmerkmale an Land eingetragen wurden.

➡ Schon gewusst?

An einem heißen Sommernachmittag am Badesee ist es nie windstill! Über dem Erdboden wird die Luft viel stärker erwärmt als über einer kühleren Wasserschicht. Die Luft am Sandstrand steigt daher immer wieder auf – die Luft über dem See strömt als Ausgleich vom Wasser zum Strand. Wir spüren kleine Windböen.

Windiger Erdball

Wind spürst du an heißen Sommertagen angenehm kühlend auf der Haut. Im Herbst oder Winter lässt er dich frösteln. Er bringt heiße oder kalte Luft, wühlt das Meer auf und transportiert sogar Sand Tausende Kilometer weit. Wind ist ein wesentlicher Teil unseres Wetters. Jedoch ist Wind nicht gleich Wind! Überall auf der Erde gibt es Winde, die nur in einer bestimmten Region auftauchen. Es gibt Luftströmungen, die während eines Tages ihre Richtung ändern. Andere regionale Winde treten nur bei bestimmten Wetterlagen auf, wie zum Beispiel der Föhn in den Alpen.

Ora und Bora

Wenn du schon einmal am Gardasee oder in Kroatien im Urlaub warst, hast du möglicherweise schon Ora und Bora kennengelernt. Oder genauer gesagt: gespürt! Denn Ora und Bora zählen zu den regionalen Windsystemen. Die Ora ist ein bekannter Südwind am Gardasee in Italien. Er fängt in der Mittagszeit an zu wehen und hört am späten Nachmittag wieder auf. Über diese windigen Stunden freuen sich vor allem Surfer und Segler auf dem Gardasee. Die Bora ist ein kalter Fallwind, der vor allem im Winter auftaucht. Vom Dinarischen Gebirge in Kroatien und Serbien fällt er nach unten in Richtung Küste und weht auf die Adria hinaus – oft mit kräftigen Sturmböen. Die Bora dauert im Sommer einige Stunden oder einen Tag. Im Winter hingegen kann die Bora bis zu zwei Wochen lang wehen. Einzelne Böen können Spitzengeschwindigkeiten von bis zu 200 Stundenkilometer erreichen!

Nordamerika

Südamerika

Blizzard

Der Blizzard ist ein gefürchteter Schneesturm in Nordamerika. Er weht eisig von den Rocky Mountains hinaus auf die weiten Prärien.

Mistral

Der kalte, sehr stürmische Wind weht an der französischen Mittelmeerküste. Der Mistral wühlt das Meer auf. Segler müssen mit hohen Wellen kämpfen.

Scirocco

Der heiße Wüstenwind weht aus Afrika über das Mittelmeer nach Italien und lässt die Temperaturen auf über 40 Grad Celsius ansteigen.

Föhn

Der Föhn ist ein warmer Fallwind in den Alpen. Wenn auf der Alpensüdseite viel Regen oder Schnee fällt, ist es auf der Nordseite trocken und sonnig. Stürmische Südwinde mit Geschwindigkeiten von mitunter mehr als 100 km/h pfeifen über die Berge und durch die Täler. Der Föhn lässt den Schnee schmelzen und ist deshalb auch als »Schneefresser« berüchtigt. Am Himmel zeigen sich schmale, sichelförmige Wolken – die sogenannten »Föhnfische«.

Europa

Asien

Afrika

Australien

Der Wind düngt den Regenwald

Stürme in der Wüste Sahara schleudern Millionen Tonnen Wüstensand in die Atmosphäre, der über Tausende Kilometer weit bis nach Südamerika fliegt und dort den Regenwald düngt.

Monsun

Der Monsun ist eines der gewaltigsten Wind- und Wettersysteme in Asien. Er bringt im Winter trockene Luft nach Indien, Bangladesch und Thailand. Im Sommer sorgt er für feuchtwarme Luft und die Regenzeit setzt ein.

Was ist ein Hurrikan?

Das Wort Hurrikan (oder englisch: Hurricane) stammt aus der Sprache der Maya und bedeutet »Gott des Windes«. Heute bezeichnet man alle Wirbelstürme, die sich im Atlantik, in der Karibik und im östlichen Pazifik bilden, als Hurrikane. Jedes Jahr im Sommer und im Herbst, wenn das Meerwasser besonders warm ist, geht es los: Mächtige Gewitterwolken, die sich über dem Ozean bilden oder zum Beispiel aus den tropischen Regenwäldern Afrikas aufs Meer hinausziehen, ballen sich zusammen. Diese Mega-Gewitter sind manchmal halb so groß wie Deutschland. Wenn sie über das warme Meer ziehen, sammeln sie immer mehr Feuchtigkeit auf. Denn wegen der hohen Wassertemperaturen verdampft sehr viel Ozeanwasser: Es steigt nach oben und bildet Gewitterwolken. Als Folge werden die Gewitterhaufen immer größer, bis sie aufgrund der Erddrehung anfangen, sich zu drehen. Im Inneren bildet sich das typische »Auge« heraus – eindeutiges Zeichen, dass ein Wirbelsturm entstanden ist. Die Windgeschwindigkeit beträgt nun mindestens 118 Stundenkilometer, das entspricht Windstärke 12 – Orkanstärke. Starke Hurrikane entwickeln sogar Windgeschwindigkeiten von mehr als 250 Stundenkilometern!

Hurrikan, Zyklon oder Taifun?

Für tropische Wirbelstürme gibt es verschiedene Namen: »Hurrikan« heißen sie im Nordatlantik und im östlichen Pazifik. Im Indischen Ozean und im südlichen Pazifik werden sie »Zyklon« genannt, im nordwestlichen Pazifik »Taifun«. Etwa ein Drittel aller Wirbelstürme sind Taifune. Am häufigsten sind also die Menschen in China, auf den Philippinen, in Japan oder auf Taiwan von tropischen Wirbelstürmen betroffen.

Zerstörung an Land

Wenn Hurrikane aufs Land treffen, können sie ganze Regionen verwüsten. Der orkanartige Sturm ist dabei nur eine Ursache für die Zerstörungen: Die sintflutartigen Regenfälle richten ebenfalls enormen Schaden an. Denn innerhalb von drei Tagen kann so viel Regen fallen, wie bei uns in einem ganzen Jahr! Erdrutsche und Überschwemmungen sind die Folge. Eine weitere Gefahr sind Wellen: Ein Hurrikan wühlt das Meer auf und treibt meterhohe Wellen vor sich her. Treffen sie an die Küsten, werden Häuser, Straßen und ganze Ortschaften von den Wassermassen überflutet. Wenn der Hurrikan weiter aufs Land hinaufzieht, verliert er aber schnell seine Stärke. Über Land fehlt ihm das warme Meerwasser, aus dem der Wirbelsturm seine Energie zieht. Der Hurrikan schwächt sich ab und zieht als regenreiches Schlechtwettergebiet weiter.

Unglaublich!

Ein Hurrikan »saugt« etwa fünf bis sieben Milliarden Tonnen Wasser pro Tag aus dem Meer. Wenn sich ein großer Hurrikan über dem Bodensee bilden könnte: Er hätte den See in einer Woche leer »getrunken«!

2005 führte der Hurrikan »Katrina« zu einer der schlimmsten Naturkatastrophen in der Geschichte der USA. Etwa 1 800 Menschen kamen durch den Wirbelsturm ums Leben.

Key West in den USA: Dieses Haus wurde durch einen Hurrikan zerstört.

Hurrikane, Zyklone und Taifune

Auf dieser Karte siehst du alle Hurrikane, Zyklone und Taifune, die es zwischen 1985 und 2005 gegeben hat. Die Wirbelstürme entstehen insbesondere im Atlantik, Pazifik und Indischen Ozean und »tanken« über warmem Meerwasser Energie. Wenn sie aufs Land treffen, können die Stürme Tausende von Quadratkilometern verwüsten. Betroffen sind vor allem die Menschen in Südostasien und in Nordamerika.

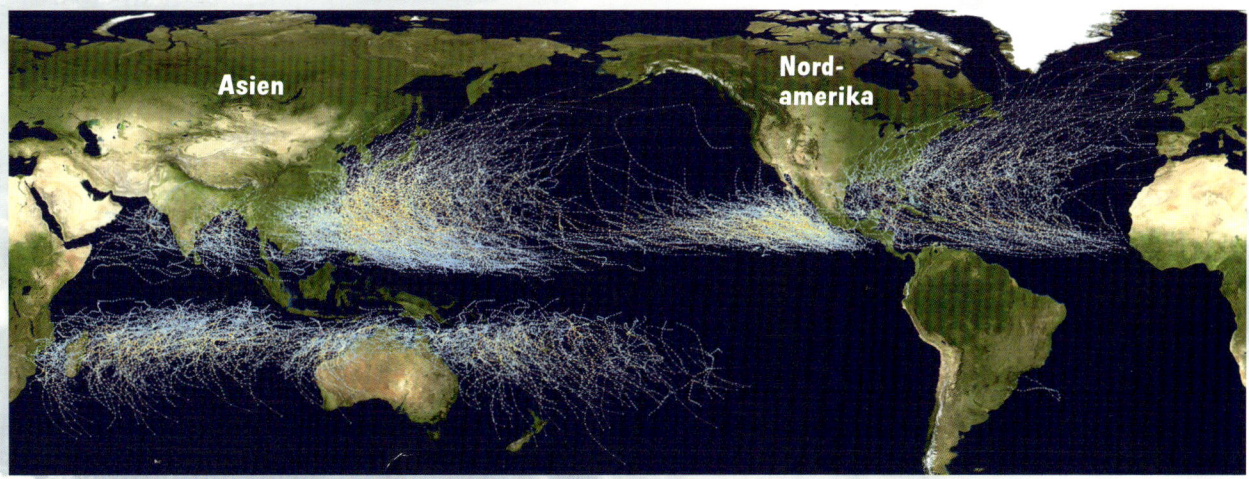

Die Kraft des Tornados

Ein Staubteufel ist ein kleiner Wirbelsturm. Er sieht zwar ähnlich wie ein Tornado aus, ist aber deutlich schwächer. Der Staubteufel entsteht bei schönem, heißem Wetter ohne eine Gewitterwolke, meist über trockenen Böden.

Tornado in Deutschland
Auch in Deutschland gibt es Tornados, die Häuser zerstören können.

Rasantes Tempo
Tornados entwickeln unglaubliche Geschwindigkeiten. Das mussten die Menschen in Moore im US-Bundesstaat Oklahoma erfahren. Dort wurden im Jahr 1999 bei einem Tornado 510 km/h gemessen – die höchste bisher gemessene Windgeschwindigkeit auf der Erde!

Tornados sind Wirbelstürme. Im Vergleich zu den riesengroßen Hurrikanen sind Tornados winzig klein – aber extrem gefährlich! Sie entwickeln die höchsten Windgeschwindigkeiten, die es in der Natur gibt. Sie zerstören ganze Häuser, können selbst den Straßenbelag vom Erdboden hochreißen und tonnenschwere Lastwagen durch die Luft schleudern.

Gefährliche Rüssel

Gewitterwolken, aus denen sich Tornados bilden, sind meist in kurzer Zeit zu riesigen Wolkenbatzen gewachsen – zu sogenannten »Superzellen«. Superzellen entstehen meistens in feuchter und schwülwarmer Luft. Solche Monsterwolken entwickeln sich blitzschnell, oftmals in weniger als einer Stunde! Die Luft brodelt. Man kann den Gewitterwolken sogar beim Wachsen zusehen – so schnell schießen sie nach oben. Wenn der Wind am Oberrand der Wolke auch noch aus einer anderen Richtung weht als weiter unten, dann fangen solche Superzellen an, sich zu drehen – sie rotieren. Wenn das passiert, kann sich aus der Wolke der gefürchtete Rüssel herausbilden und bis zum Erdboden wachsen. Diese Wolkenrüssel können von einigen Metern bis zu mehrere Hundert Meter breit werden. Sie bewegen sich mit 30 bis 50 km/h eher langsam über das Land, aber im Tornado selbst dreht sich die Luft mit bis zu 500 km/h! Wenn ein Tornado über den Boden fegt, hinterlässt er meist eine Spur der totalen Verwüstung. Nichts bleibt mehr stehen.

Ein Tornado kommt – was tun?

Möglichst in den Keller gehen, denn bei einem Tornado ist der Keller der sicherste Raum in einem Haus. Gibt es keinen Keller, sollte man am besten einen fensterlosen Raum im Inneren des Hauses aufsuchen und sich hinhocken. Vielleicht mit einer Matratze bedecken, die einen vor kleinen Trümmerteilen schützen kann. Auf jeden Fall immer von Fenstern fernhalten, denn die herumfliegenden Trümmerteile zerstören meist die Fenster. Die Glasscherben werden dann zu gefährlichen Geschossen! Im Auto entkommt man dem Tornado, wenn man quer zu seiner Zugrichtung fährt. Aber niemals im Auto sitzen bleiben und abwarten – denn Autos können von einem Tornado leicht hochgehoben und durch die Luft gewirbelt werden!

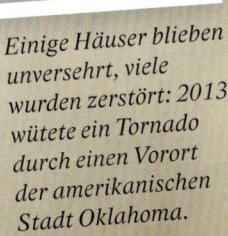

Einige Häuser blieben unversehrt, viele wurden zerstört: 2013 wütete ein Tornado durch einen Vorort der amerikanischen Stadt Oklahoma.

Angeberwissen

▶ »Tornado Alley«, also »Tornado-Allee«, wird ein Gebiet im Mittleren Westen der USA bezeichnet, in der die meisten Tornados der Welt vorkommen.

▶ Jedes Jahr im späten Frühjahr werden dort rund 1 000 Tornados beobachtet.

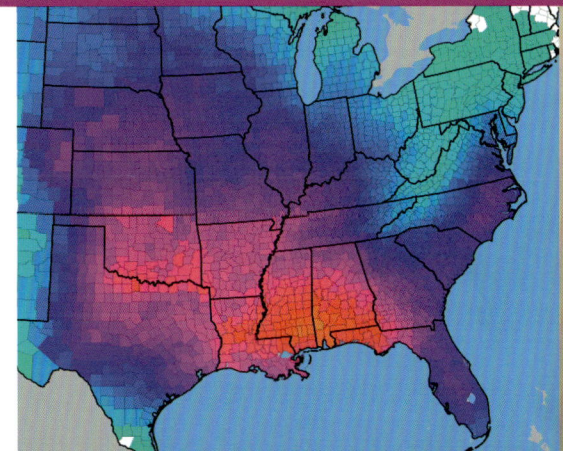

Tornado –
keiner wirbelt schneller

Die Luft in der Gewitterwolke rotiert, und es bildet sich der Wolkenrüssel.

Im Inneren des Rüssels wirbelt die Luft mit einer Geschwindigkeit von bis zu 500 km/h !

Am Boden kann der Tornado bis zu einem Kilometer breit werden.

30 bis 50 km/h

vorwärts. Keine Chance gegen die Naturgewalt: Tornados hinterlassen eine Spur der Verwüstung.

Ein Tornado bewegt sich mit einer Geschwindigkeit von etwa

So entsteht ein Tornado

▶ Kalte Luft prallt mit sommerlich warmer, schwüler Luft zusammen: Ein großes Gewitter, eine Superzelle, entsteht.

▶ Die Windgeschwindigkeit nimmt mit der Höhe zu, und der Wind weht aus einer anderen Richtung als am Erdboden.

▶ Aus der Gewitterwolke bildet sich der Rüssel, der sich sehr schnell um sich selbst dreht.

▶ Der Wirbelsturm erreicht den Erdboden und wirbelt dort alles auf. Der »Tornado« ist entstanden.

1 400 000 000 000 000 000 000 000 Liter Wasser

Es gibt unfassbar viel Wasser auf der Erde: 1,4 Trilliarden Liter! Der weitaus größere Teil der Erdoberfläche ist von Wasser bedeckt. Zu Recht spricht man deshalb auch vom blauen Planeten. Der Löwenanteil ist das Salzwasser der Weltmeere. Das meiste Süßwasser ist im Gletschereis in der Antarktis am Südpol und in den Eismassen im Norden auf Grönland gespeichert. Nur sehr wenig des weltweiten Wassers ist für uns als Trinkwasser nutzbar. Stelle dir vor, dass das gesamte Wasser der Erde in 1 000 Wassereimer passen würde. Dann wären 970 Eimer mit Salzwasser und nur 30 Eimer mit Süßwasser gefüllt. Und nur ein Trinkbecher davon ist das, was wir nutzen können: das Süßwasser der Flüsse und Seen.

Funny Fact

Wetterküche

Bei dem Wasserdampf, den wir in der Küche über dem Kochtopf sehen, handelt es sich um kleine Wolken!

Es gelangt als Wasserdampf in die Atmosphäre und verteilt sich dort über die gesamte Erde.

In der Luft bilden sich aus dem Wasserdampf Wolken, aus denen es regnet.

Das Wasser der Ozeane wird von der Sonne erwärmt und verdunstet aus dem Meer.

Dieser Wasserkreislauf ist das Heizungssystem für unser Wetter.

➡ Schon gewusst?

Die Ozeane sind für unser Wetter aus zwei Gründen wichtig: Weil sie das meiste Wasser enthalten, sind sie nicht nur der größte Wasserspeicher, sondern auch der größte Wärmespeicher auf der Erde. An der Meeresoberfläche verdunstet in einem Jahr mehr Wasser, als in allen Seen und Flüssen unseres Planeten vorhanden ist. Ein Großteil davon fällt als Regen wieder ins Meer. Der Rest zieht mit dem Wind aufs Land. Die Wolken, die bei uns zu Hause den Regen bringen – oder im Winter den Schnee – sind zum Großteil aus dem Wasser der Ozeane entstanden!

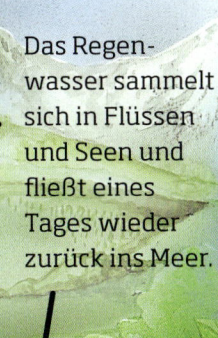

Das Regenwasser sammelt sich in Flüssen und Seen und fließt eines Tages wieder zurück ins Meer.

Tau und Reif

Die Luft um uns herum ist feucht. Immer. Sie enthält Wasserdampf, den wir nicht sehen können. Selbst in den trockensten Wüsten. Manchmal können wir diese unsichtbare Feuchtigkeit in der Luft allerdings sehen und spüren. Vor allem nachts, wenn es kälter wird, oder am frühen Morgen. Über Wiesen hat sich Bodennebel gebildet, Spinnennetze glitzern in den ersten Sonnenstrahlen und der Rasen im Garten ist nass – weil sich Tau gebildet hat! Tau ist ein Niederschlag, ähnlich wie Regen. Bloß fällt der Tau nicht aus Wolken, sondern aus der unsichtbaren Luft. Im Winter, wenn es kälter ist als 0 Grad Celsius, bildet sich kein Tau – sondern Reif, der wie Zuckerguss die Grasspitzen verziert.

Wie entstehen Wolken?

Wolken entstehen, wenn aus dem unsichtbaren Wasserdampf in der Luft kleinste Wassertröpfchen werden – die Wolkentröpfchen. Dieser Vorgang heißt Kondensation – und das passiert, wenn sich die Luft abkühlt. Du kennst das: Wenn du im Winter zum Beispiel mit einer Skibrille von draußen kommst und in einen warmen Raum gehst, beschlägt die Brille. Denn die warme Raumluft hat sich an der kalten Brille abgekühlt, sie kondensiert, und es bilden sich kleinste Wassertröpfchen. Zurück zum Wetter: In der Atmosphäre kühlt sich die Luft dann ab, wenn sie vom Erdboden in große Höhen nach oben aufsteigt. Irgendwann ist es so kalt, dass die Feuchtigkeit in der Luft kondensiert, dass sich also kleinste Wolkentröpfchen bilden. Sie sind so leicht, dass sie schweben. Aus Millionen kleinster Wassertröpfchen entsteht eine Wolke. In den Wolken ist Bewegung. Je dicker eine Wolke, desto mehr Bewegung – als ob es in der Wolke viele einzelne Fahrstühle gibt. Einige dieser »Fahrstühle« fahren nach oben, andere wieder nach unten. Wenn wir mit dem Flugzeug gerade durchfliegen, spüren wir genau diese »Wolkenfahrstühle« – das Flugzeug wackelt.

6 000 m

2 000 m

Unglaublich!

Nebel ist nichts anderes als eine Wolke, die die Erde berührt! Wenn du im Nebel stehst, weißt du also, wie es sich anfühlt, in einer Wolke zu sein. Du spürst die Feuchtigkeit der feinen Wassertröpfchen.

Was für ein Typ bist du?

Wolke ist nicht gleich Wolke! Sie sehen unterschiedlich aus und tauchen in drei Wolken-Stockwerken auf. Hier siehst du die zehn wichtigsten Wolkentypen.

Cirrostratus:
Hohe, dünne Schleierwolke. Sie zeigt, dass sich eine Warmfront nähert. Es könnte also in einigen Stunden anfangen zu regnen.

Altocumulus:
Mittelhohe, größere Schäfchenwolken. Sie können ein Vorzeichen für ein kommendes Gewitter sein. Vor allem morgens, wenn sie flockig aussehen.

Nimbostratus:
Regenschichtwolke. Eine dicke Wolke ohne besondere Strukturen, die lang anhaltenden Regen bringt.

Cumulus:
Tiefe Quell- oder Haufenwolke. Eine Schönwetterwolke, die an sonnigen Tagen ab dem späten Vormittag erscheint und sich abends wieder auflöst. Sie können aber auch so groß werden, dass daraus später Gewitterwolken entstehen.

Cirrus:
Hohe, dünne Feder-
wolke. Sie ist bei
schönem Wetter zu
sehen, kann aber
auch ein erstes
Anzeichen für ein
heranziehendes
Schlechtwetter-
gebiet sein.

Cirrocumulus:
Hohe, dünne, kleine Schäfchenwolken. Sie tauchen
meist bei schönem Wetter auf, das auch anhält.

Cumulonimbus:
Haufenregenwolke. Sie bringt Regenschauer.
Wenn sie einen ausgefransten Oberrand hat –
einen sogenannten »Amboss« – kommen mit
ihr kräftige Regenschauer, Hagel und Gewitter.

Altostratus:
Mittelhohe Schichtwolke. Eine Warmfront
rückt näher. Wenn die Sonne nicht mehr zu
sehen ist, fängt es bald an zu regnen.

Stratus:
Tiefe Schichtwolke.
Wenn sie auftaucht,
heißt es: Hochnebel,
grau und eintönig.

Stratocumulus:
Tiefe Haufenschichtwolke. Sie besteht
aus einzelnen Wolkenbatzen.

Wie entsteht Regen?

Wenn du das nächste Mal im Regen stehst: Schau nach oben und du wirst Wolken entdecken, aus denen die Regentropfen fallen. Die meisten dieser Wolken sind keine reinen Wasserwolken, sondern Mischwolken. Sie enthalten Wolkentröpfchen aus flüssigem Wasser und außerdem kleinste Eiskristalle. Denn die Wolken erreichen selbst im Hochsommer Höhen, in denen es frostig kalt ist. In der Mischzone, wo also Wolkentropfen und Eiskristalle gemeinsam vorkommen, saugen die Eiskristalle regelrecht das Wasser an. Das Wasser gefriert an ihnen und sie wachsen, bis sie Schneeflocken oder Eiskörner werden. Diese fallen dann aus der Wolke nach unten, erreichen wärmere Luftschichten und schmelzen. So kommen sie als dicke Regentropfen bei uns an. Es gibt auch Wolken, in denen keine Eiskristalle vorkommen. Diese sogenannten »warmen« Wolken entwickeln Regentropfen, wenn sich die kleinen Wolkentropfen vereinigen, zusammenstoßen oder gegenseitig aufsaugen. Die Tropfen werden immer größer und schwerer, bis sie schließlich aus der Wolke rausfallen. Normalerweise fällt Regen bei Temperaturen von über Null Grad Celsius.

Kleinste Wolkentröpfchen und Eiskristalle vereinigen sich.

Wolkentröpfchen sind winzig klein: Etwa eine Million Tröpfchen bilden einen einzigen Regentropfen!

Die meisten Regentropfen, die bei uns vom Himmel fallen, waren einmal eine Schneeflocke.

Unglaublich!

Mitten im Pazifischen Ozean liegt Kauai – eine ganz besondere Insel. Denn hier gibt es eine Bergregion, die als einer der regenreichsten Punkte der Erde gilt! Jedes Jahr fallen dort pro Quadratmeter durchschnittlich über 11 684 Liter Wasser aus dem Himmel – direkt auf die Insel. Das sind ungefähr 100 gefüllte Badewannen!

14 Jahre hintereinander fiel in Arica in der chilenischen Atacama-Wüste nicht ein einziger Regentropfen vom Himmel.

➡ Schon gewusst?

Regentropfen sehen nicht so aus, wie wir sie uns vorstellen und malen. Die meisten Regentropfen, nämlich die kleineren Tropfen, sind ganz einfach kreisrund! Wenn sie größer als zwei Millimeter sind, breiten sie sich etwas aus und ähneln einer Erbse.

< 2 mm

> 2 mm

< 5 mm

Im Winter kann es passieren, dass es regnet, obwohl die Temperatur unter Null Grad Celsius liegt. Vor allem dann, wenn die Luft in den untersten Schichten frostig kalt ist, darüber (in Höhe der Wolken) die Luft aber wärmer ist. So etwas kann vorkommen, kurz bevor Tauwetter einsetzt. Das Ergebnis dieser »umgekehrten« Temperaturschichtung ist Regen, der in den Wolken entsteht und durch die frostige Luft in Bodennähe fällt. Wenn diese kalte Luftschicht nur 100 oder 200 Meter dick ist, reicht das nicht aus, um die Regentropfen gefrieren zu lassen. Also regnet es, obwohl unser Thermometer eine Temperatur von zum Beispiel -3 Grad Celsius anzeigt. Das ist sehr gefährlich – vor allem für Autofahrer. Denn die Regentropfen werden blitzartig zu Eis, sobald sie auf den Erdboden treffen. Entweder weil das Regenwasser selbst kälter als Null Grad Celsius ist oder weil der Erdboden gefroren ist. So entsteht innerhalb kürzester Zeit eine dicke Eisschicht auf den Straßen, den Gehwegen oder an Ästen und Zweigen. In den Nachrichten wird dann oft von »Blitzeis« gesprochen, weil die meisten Autofahrer davon überrascht werden. Die Folge sind viele Unfälle und kilometerlange Staus auf den Autobahnen. Selbst die Streufahrzeuge kommen manchmal zu spät, weil auch sie über das Eis rutschen. So auch im Januar 2013 in Deutschland: Chaos auf spiegelglatten Straßen, und auf dem Frankfurter Flughafen konnten auf den vereisten Startbahnen Flugzeuge nicht abheben.

Sonnenschein + Regen = ???

Wenn es regnet und gleichzeitig(!) die Sonne scheint, können wir einen Regenbogen sehen. Er ist nichts, was man anfassen kann. Läuft man hin, um ihn aus der Nähe zu bestaunen, dann ist er nicht mehr da! Denn der Regenbogen ist eine Lichterscheinung und entsteht sozusagen in unserem Auge. Wenn wir die Sonne im Rücken haben und zur Regenwolke hinschauen, entsteht das Farbenspiel. Und zwar so: Die Sonnenstrahlen werden in den einzelnen Regentropfen gebrochen und zurückgelenkt. Dabei spaltet sich das weiße Licht der Sonne in seine einzelnen Farbbestandteile auf. So kommt es, dass wir im Regenbogen die einzelnen Farben leuchten sehen: rot außen, orange, gelb, grün und blau in der Mitte und violett innen.

Alles weiß!

Schneeflocken entstehen – wie auch Regentropfen – in den Wolken. Bei tiefen Temperaturen von unter -12 Grad Celsius gefrieren Wolkentröpfchen zu kleinsten Eiskristallen. Diese Eiskristalle sind immer sechseckig, aber sie bilden verschiedenste Figuren: Es gibt Stäbchen, Plättchen oder auch Eissterne.
Je größer sie wachsen, desto formenreicher werden sie. Oftmals fliegen die Eiskristalle mehrmals durch die Wolke von oben nach unten und wieder zurück. Dabei stoßen sie mit anderen Kristallen zusammen, bleiben kleben, schmelzen ein bisschen und gefrieren erneut. So entstehen immer größere Kristalle, die bald zu einer Schneeflocke werden.

Langsam rieselt der Schnee

Wenn sie zu groß sind, um in der Luft zu schweben, fallen sie nach unten – aber viel langsamer als Regentropfen. Schneeflocken fallen mit einer Geschwindigkeit von rund einem Meter pro Sekunde nach unten, Regentropfen sind etwa sechsmal so schnell. Deshalb kann es passieren, dass Schneeflocken sozusagen aus heiterem Himmel fallen: Während die Schneeflocke noch auf ihrem Weg zum Boden schwebt, ist die Wolke schon längst weitergezogen.

Lawinen

So schön es auch ist, über den Schnee mit Skiern oder dem Snowboard zu gleiten – der Schnee kann auch zu einer großen Gefahr werden. Vor allem im Hochgebirge wie den Alpen. Fällt zu viel Schnee innerhalb kurzer Zeit, kann sich der Neuschnee nicht mit der Altschneeschicht darunter verbinden. Er rutscht bei der kleinsten Störung den Hang hinunter – eine Lawine entsteht. Auch starke Sonneneinstrahlung und einsetzendes Tauwetter können die

Schneedecke verändern und Lawinen entstehen lassen. Selbst eine kleine Lawine, die von einem Skifahrer ausgelöst wird, kann schon sehr gefährlich werden und Menschen verschütten. Das Problem: Kommt der Schnee zum Stillstand, dann ist er fest und schwer wie Beton. Von allein kann man sich kaum daraus befreien. Große Neuschneemengen führen in den Bergen immer wieder zu Lawinenkatastrophen, bei denen auch Häuser zerstört werden und Menschen ums Leben kommen. Ein großes Unglück gab es 1999 in den Alpen. Innerhalb weniger Wochen fielen von Ende Januar bis Ende Februar mehr als fünf Meter Neuschnee – in manchen Orten hatte es bis dahin noch nie so viel Schnee gegeben. Die Schneemassen lösten vielerorts Lawinen aus. Als eine Lawine in das Dorf Galtür in Österreich raste, wurden viele Häuser komplett zerstört, 31 Menschen kamen ums Leben. Um Ortschaften vor solchen Lawinen zu schützen, werden an vielen Hängen Bergwälder aufgeforstet und Lawinenschutzbauten errichtet.

Angeberwissen

 Mit bis zu 300 km/h können Lawinen einen Berghang hinunterrasen.

Speziell ausgebildete Lawinenhunde können Verschüttete unter der dicken Schneedecke aufspüren.

Vorsicht!

Viele Skifahrer und Snowboarder schätzen die Gefahr nicht richtig ein. Der glitzernde Pulverschnee ist zu verlockend und schön. Oft sieht man einem Hang nicht an, ob es eine Lawinengefahr gibt oder nicht. Eine Spur mit dem Ski oder dem Snowboard durch den frisch verschneiten Hang kann ausreichen, um eine Lawine auszulösen. Wer abseits der Skipisten fährt und Lawinen auslöst, gefährdet nicht nur sich selbst – sondern auch andere.

→ Schon gewusst?

An einem sehr kalten Wintertag mit Temperaturen von unter −20 Grad Celsius kann es passieren, dass sich Eiskristalle direkt in der Luft bilden. Dann gefriert der unsichtbare Wasserdampf in der Luft zu Kristallen – ohne dass sich vorher eine Wolke gebildet hat. Wenn du in den blauen Himmel schaust, siehst du die glitzernden Eiskristalle in der Luft schweben.

In den Hochgebirgen bleibt der Schnee das ganze Jahr über liegen. Auch auf dem Eispanzer in Grönland und in der Antarktis am Südpol liegt immer Schnee.

Schnee als »Wärmepolster«: In den Polargebieten lassen sich manche Tiere einschneien. Der Schnee wirkt wie eine schützende Schicht vor eisigen Winden.

Donnerwetter!

Auf unserer Erde gibt es in jeder Sekunde etwa 100 Blitze. Auf der Karte erkennst du an der gelblich-roten Färbung, wo es am meisten gewittert.

Der Himmel ist nahezu schwarz. Plötzlich zerreißt das grelle Leuchten eines Blitzes die Dunkelheit, ein lautes Donnern dröhnt in den Ohren. Sicherlich hast auch du schon einmal so ein Gewitter erlebt. Am Himmel siehst du dann die mächtigsten aller Wolken: die Gewitterwolken. Wenn sie auftauchen, wird der Tag zur Nacht. Manchmal gehen sogar mittags automatisch die Straßenlampen an, weil es so geheimnisvoll dunkel wird.

Wie entsteht ein Gewitter?

Warme Luft steigt auf, kühlt sich dabei ab und es bilden sich Wolken. Das ist der Lauf der Dinge in unserer Atmosphäre. Wenn aber zum Beispiel an heißen Sommertagen die Luft besonders warm und feucht ist, steigt sie noch höher als sonst. Dabei bilden sich immer dickere Quellwolken. Eine solche Wolke heißt Cumulonimbus – eine Haufenregenwolke. In dieser Wolke fliegt alles durcheinander: Regentropfen, Schneeflocken, Hagelkörner und Eiskristalle rasen hoch und runter. Getrieben von gigantischen Aufwinden, gegen die normale Stürme ein Kinderspiel sind.

Windige Wolken

Die Aufwinde erreichen Geschwindigkeiten bis zu 100 Metern pro Sekunde. Wie schnell das ist? Stell dir vor, du stehst in einem Fahrstuhl. Du zählst nur bis 1 – und schon bist du 100 Meter in die Höhe gesaust! Durch die schnellen Bewegungen der Regentropfen, Eiskristalle, Schneeflocken und Hagelkörner wird in der Wolke eine Art Riesenbatterie aufgebaut: Die Gewitterwolke lädt sich elektrisch auf. Nur durch einen großen Funken kann diese Batterie entladen werden. Das geschieht durch den Blitz.

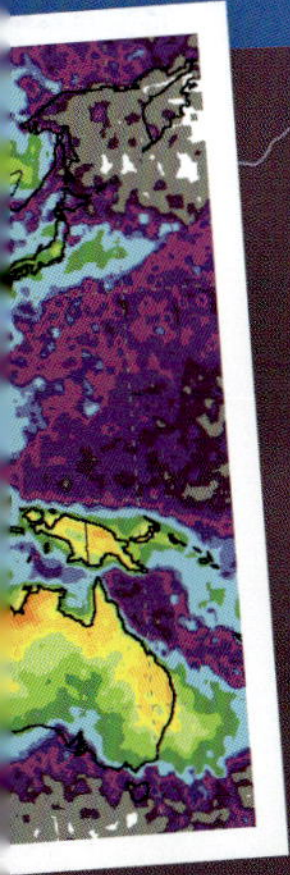

Wenn ein Flugzeug von einem Blitz getroffen wird, passiert meist nichts. Denn der Blitz wird an der Außenhaut des Flugzeugs entlanggeleitet.

Hagelkörner entstehen in Gewitterwolken, in denen es starke Aufwinde gibt. Wassertröpfchen stoßen in der Wolke mit Eiskristallen zusammen, frieren fest und lassen das Eiskörnchen weiter wachsen. In South Dakota, USA, wurde ein Hagelkorn so groß wie ein Ball gefunden: über 20 cm groß und fast ein Kilogramm schwer!

Der Blitz

Bevor du einen Blitz siehst, hat sich kurz vorher eine ganze Reihe von seltsamen Dingen in der Luft abgespielt. Von der Wolke her bildet sich zunächst ein unsichtbarer Blitzkanal, der sich zickzackartig bis zur Erde vorarbeitet. Das ist sozusagen die Leitung oder das Luftelektrokabel, durch das nachher der Blitzstrom fließt. Steht der Blitzkanal, schießt aus der Wolke der Vorblitz hindurch. Er trifft in der Luft auf den Fangblitz, der von der Erde herkommt. Dieser Fangblitz geht oft von hochgelegenen Punkten weg – wie etwa Kirchturmspitzen oder Baumwipfeln. Der Vorblitz aus der Wolke und der Fangblitz von der Erde vereinen sich: Nun steht sozusagen das luftige Elektrokabel für den großen Superblitz bereit.

Vom Himmel zur Erde: Blitze können über zehn Kilometer lang werden.

Jetzt knallt's!

Der Superblitz besteht meistens aus vier bis fünf Hauptblitzen, die kurz nacheinander folgen. Dadurch kommt das Flackern eines Blitzes zustande. Es leuchtet, die Temperatur der Luft erhitzt sich auf 30 000 Grad Celsius – das ist etwa fünfmal mehr als die Temperatur auf der Sonnenoberfläche! Die extrem heiße Luft dehnt sich explosionsartig aus: Es entsteht der Donnerknall.

Was tun bei einem Gewitter?

- ☑ Schutz in Gebäuden oder in Autos suchen
- ☑ Raus aus dem Wasser: Swimmingpools und Badeseen verlassen
- ☑ Offenes Gelände, Hügel und Berggipfel meiden
- ☑ Von allen hohen Objekten (z.B. Bäumen) mindestens drei Meter Abstand halten
- ☑ Hinhocken, Beine zusammen lassen

Was ist Klima?

Zonenwechsel

Durch die Erwärmung des Klimas verschieben sich weltweit die Klimazonen in Richtung der Pole. In der Arktis gibt es jedes Jahr immer weniger Eis.

Welches Wetter ist typisch für einen Ort? Ist es in meinem Urlaubsort normalerweise wärmer oder kälter als zu Hause? Gab es früher mehr Schnee im Winter und schönere Sommer? Diese Fragen kennt jeder. Um sie beantworten zu können, müssen wir etwas darüber wissen, was normalerweise typisch für einen Ort ist: Wir brauchen Durchschnittswerte – für die Temperaturen, die Regenmenge, für das Wetter. Diese Durchschnittswerte sind das Klima eines Ortes. Über einen langen Zeitraum werden die Werte berechnet. Schließlich ändert sich das Wetter ständig und ist jedes Jahr anders. Deshalb werden die Wetterbeobachtungen von 30 Jahren genommen, um daraus die sogenannten Klimamittelwerte zu berechnen. Sie beschreiben die verschiedenen Klimazonen der Erde, die sich vor allem durch Temperatur und Niederschlag unterscheiden.

Die Klimazonen unserer Erde

Tropen: Es gibt trockene und sehr feuchte Gegenden. In den Tropen ist es das ganze Jahr über fast gleichbleibend warm.

Subtropen: Im Sommer heiß, im Winter mäßig warm. In diesem Bereich finden wir die großen Wüsten der Erde wie die Sahara in Afrika.

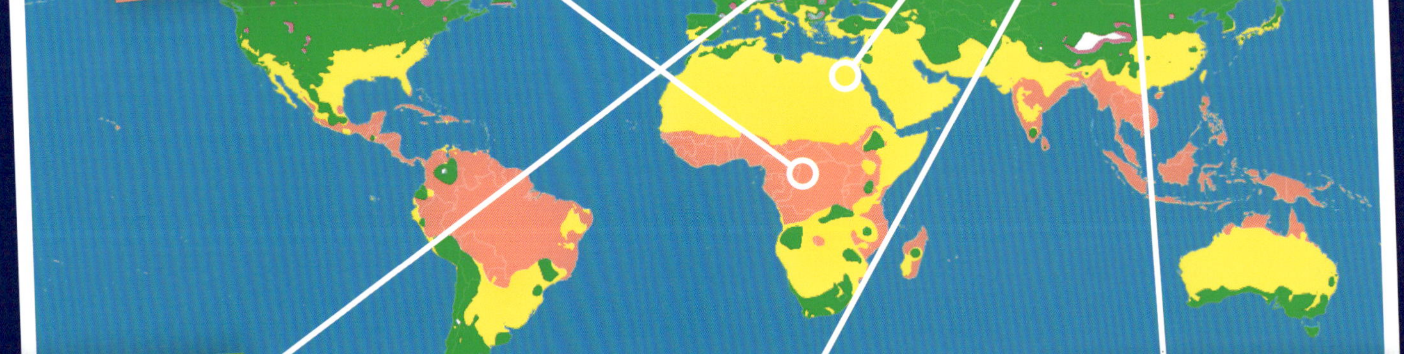

Gemäßigte Klimazone: Da leben wir. Sie erstreckt sich zwischen dem 40. Breitengrad und dem Polarkreis. Hier gibt es ausgeprägte Jahreszeiten. Die Niederschläge verteilen sich über das Jahr.

Subpolare Klimazone: Sie liegt zwischen gemäßigten Breiten und den Polarregionen.

Polare Klimazone: Das sind die Eisflächen am Nord- und Südpol. Die Temperatur liegt das ganze Jahr unter Null Grad Celsius. Sogar im Sommer wird es nur selten wärmer.

Was ist der Treibhauseffekt?

Der Treibhauseffekt ist ein ganz natürlicher Effekt der Atmosphäre, der es überhaupt möglich macht, dass sich auf der Erde Leben entwickeln konnte. Die Lufthülle um unsere Erde wirkt wie das Glasdach eines Gewächshauses. Es lässt die Sonne hindurch und erwärmt die Luft im Gewächshaus besonders schnell. Nachts verhindert das Glas eine zu starke Abkühlung und schützt die Pflanzen vor allem in kalten Frühjahrsnächten vor frostigen Temperaturen. Ein solches Glasdach gibt es natürlich in der Atmosphäre nicht, aber einige Gase in der Atmosphäre erzielen eine ähnliche Wirkung. Allen voran der Wasserdampf, außerdem Kohlenstoffdioxid oder Methan. Diese Gase verhindern, dass die Erde zu stark abkühlt. Ohne diese »Treibhausgase« wäre es auf der Erde durchschnittlich –18 Grad Celsius kalt.

Die Erde heizt sich auf

Über den Treibhauseffekt wird in den letzten Jahren immer öfter diskutiert. Denn in unserer Lufthülle nimmt der Anteil der Treibhausgase – vor allem des Kohlenstoffdioxids – seit etwa 150 Jahren immer stärker zu. Dieses Gas entsteht, wenn Kohle, Erdöl oder Erdgas zum Beispiel zur Erzeugung von elektrischem Strom verbrannt werden. Die Menge des Kohlenstoffdioxids in der Luft steigt weiter an, der Treibhauseffekt wird stärker – und die Erde wärmer!

Strom sparen hilft dem Klima! Auch du kannst mitmachen und zum Beispiel darauf achten, dass du nicht unnötig das Licht brennen lässt.

Flugzeuge verbrennen Kerosin und belasten dabei die Umwelt.

Über eine Milliarde Autos gibt es weltweit. Ihre Abgase tragen zur Klimaerwärmung bei.

Kraftwerke und Industrieanlagen blasen Kohlenstoffdioxid in die Atmosphäre.

Bei Waldbränden werden schädliche Gase freigesetzt.

Das Klima verändert sich

Wissenschaftler erforschen das Klima unseres Planeten. Sie können beispielsweise errechnen, ob und wie stark es in den letzten Jahrhunderten wärmer geworden ist. So weiß man, dass es in Deutschland in den letzten 100 Jahren um etwa ein Grad wärmer geworden ist. Eine ähnlich starke Erwärmung wird auf der ganzen Erde gemessen. Das Klima hat sich also verändert – man spricht auch vom Klimawandel. Und der bereitet vielen Menschen Sorgen. Es ist der stärkste Temperaturanstieg seit mehr als 1 000 Jahren!

Was passiert beim Klimawandel?

Klimaforscher versuchen zu berechnen, wie die Erwärmung in den nächsten Jahrzehnten und Jahrhunderten weitergeht. Vermutlich werden die weltweiten Temperaturen bis zum Jahr 2100 um zwei bis vier Grad ansteigen. Doch was heißt das für uns?

Der Markusplatz in Venedig
Wenn der Meeresspiegel weiter steigt, wird die italienische Stadt immer häufiger überflutet.

Mit der Erwärmung schmelzen die Gletscher in den Gebirgen und die Eismassen an den Polkappen. In den Alpen werden die meisten Gletscher komplett verschwinden. Dieses Schmelzwasser fließt in die Meere und lässt den Meeresspiegel ansteigen. In den nächsten Jahrhunderten könnte der Meeresspiegel um mehrere Meter steigen und viele Städte in Küstennähe überfluten. Andere Regionen der Erde könnten durch den Klimawandel unter Dürre und Trockenheit leiden.

1906

2003

In den Alpen sind die Gletscher seit 1850 um mehr als die Hälfte kleiner geworden.

Wenn wir elektrischen Strom aus Windenergie produzieren, wird kein Kohlenstoffdioxid ausgestoßen. Deshalb werden in Regionen, in denen es besonders windig ist, Windenergieanlagen aufgestellt.

Angeberwissen

▶ Weniger Fleisch essen hilft dem Klima.

▶ Weil immer mehr Rinder gezüchtet werden, steigt der Anteil des Treibhausgases Methan.

▶ Denn Rinder sind Wiederkäuer. Sie pupsen und rülpsen Methan aus – und zwar ziemlich viel.

Frostiger Boden

In den Nordpolargebieten ist der Erdboden viele Meter tief gefroren. Im Norden Sibiriens sogar bis zu 1 000 Meter tief! Nur im Sommer taut der Boden an der Oberfläche etwas auf. Allerdings nur bis zu einem Meter Tiefe, darunter bleibt der Boden permanent – also dauerhaft – tiefgefroren. Deshalb spricht man auch vom Permafrostboden. In den nächsten Jahren wird dieser Permafrostboden wegen der Klimaerwärmung immer weiter auftauen. Dadurch entweichen aus dem Boden sehr viele Treibhausgase wie Kohlenstoffdioxid und Methan in die Atmosphäre – sie heizen die Erde weiter auf! Die Erwärmung wird also verstärkt. Forscher nennen dies einen »Rückkopplungseffekt«. Von diesen Effekten, die sich gegenseitig beeinflussen, gibt es viele auf der Erde: zwischen der Atmosphäre, den Ozeanen, dem Erdboden und der Pflanzenwelt. Weil wir noch nicht alle Zusammenhänge kennen, ist es sehr schwierig vorherzusagen, wie sich unser Klima genau verändern wird.

Eisige Zeiten

Die Antarktis ist von einer dicken Eisschicht bedeckt – hier am Südpol herrscht eisige Kälte. Und das schon seit etwa 40 Millionen Jahren. Am Nordpol ein ähnliches Bild: Vor etwa drei Millionen Jahren begann Grönland zu vereisen. Seit diesem Zeitpunkt sprechen wir von einem Eiszeitalter, in dem wir heute noch leben! Eiszeit bedeutet allerdings nicht, dass es ständig kalt und alles vereist ist: Es gibt kalte und warme Zeiten, die sich abwechseln. Momentan erleben wir eine warme Periode des Eiszeitalters. In den vergangenen drei Millionen Jahren hat sich die Verteilung von vereisten und eisfreien Gebieten immer wieder stark verändert. In den Kaltzeiten bedeckten auch bei uns mächtige Eispanzer den Boden. Die drei bedeutendsten Eisvorstöße in Mitteleuropa heißen Elster-, Saale- und Weichsel-Eiszeit.

Warum gibt es Eiszeiten?

Der Grund für die immer wieder einsetzende Abkühlung und Vereisung hat mit der Bewegung der Erde um die Sonne zu tun. So ändert sich die Bahn der Erde um die Sonne etwa alle 100 000 Jahre, die Neigung der Erdachse ungefähr alle 40 000 Jahre. Der Effekt: Unsere Erde steht mal schräger, mal gerader im Weltraum und bekommt deshalb mal weniger und mal mehr Sonnenwärme ab. Daneben spielen auch langsame Veränderungen auf der Erdoberfläche eine Rolle. Denn die Kontinente sind in Bewegung und verschieben sich. Weil die Antarktis schon lange in der Nähe des Südpols liegt, trägt sie auch schon seit vielen Millionen Jahren einen dicken Eispanzer.

Unglaublich!

Die größten Eisflächen gibt es am Nord- und Südpol. Etwa zehn Prozent der Erdoberfläche sind heute von Eis bedeckt.

Die Neumayer-Station in der Antarktis. Hier arbeiten Wissenschaftler, die unter anderem das Klima erforschen.

Von der Ballonfüllhalle aus lassen Wissenschaftler jeden Mittag einen Heliumballon zur Erforschung der Atmosphäre aufsteigen.

Vier Dieselgeneratoren versorgen die Station mit Energie.

Zufahrt zur Garage, die in den Schnee gebaut wurde. Hier stehen gut geschützt Motorschlitten und Kettenfahrzeuge.

Die Betonstützen können angehoben werden, damit die Plattform nicht im Neuschnee versinkt.

In der Station gibt es neben den Laboren und Unterkunftsräumen sogar eine Sauna und einen Raum, in dem Verletzte operiert werden können.

Wann kommt die nächste kalte Zeit?

Im 17. und 18. Jahrhundert gab es eine sogenannte »Kleine Eiszeit«, bei der die Winter sehr kalt waren und die Gletscher sich ausbreiteten. Missernten und Hungersnöte plagten zu dieser Zeit die Menschen in Europa. Die Ursachen für diese »Kleine Eiszeit« sind bis heute weitgehend ungeklärt. Fest steht: Unsere Erde ist ein warmer Planet und Eiszeiten sind die Ausnahme. Aber in einigen zehntausend Jahren könnte es durchaus eine neue Kaltzeit geben, in der wieder größere Gebiete Europas unter gewaltigen Eisgletschern verschwinden. Ob es dazu kommt, ist aber fraglich. Denn zur Zeit wandelt sich unser Klima und wir steuern auf eine weltweite Erwärmung zu.

➡ Schon gewusst?

Als vor etwa 21 000 Jahren weite Teile Europas unter einer dicken Eisschicht begraben waren, lebten hier kaum Menschen – und die wenigen, die es gab, führten kein Buch über das Wetter. Wieso wissen wir trotzdem, wie das Klima in vergangenen Zeiten war? Die Antwort finden wir im Eis! Wissenschaftler bohren in Grönland und in der Antarktis tief ins Eis und holen aus der Tiefe sogenannte Eisbohrkerne. An diesen frostigen Blöcken erkennt man verschiedene Eisschichten, die wie Jahresringe eines Baumes aufgebaut sind. Sie zeigen das Alter des Eises an, ob es vor mehreren Tausend Jahren viel oder wenig geschneit hat und ob es damals eher kalt oder eher warm war. Ähnliche Informationen finden Forscher auch in alten Sandablagerungen aus Seen oder vom Meeresgrund.

Zu Fuß durchs Meer?

Kannst du von Sibirien nach Alaska laufen? Wenn du dir eine Weltkarte anschaust, wirst du feststellen, dass das unmöglich ist. Denn dazwischen liegt unglaublich viel Wasser. Das war allerdings nicht immer so. Bis vor etwa 10 000 Jahren war dort kein Wasser – es gab eine Landverbindung zwischen Sibirien und Alaska! Denn in der letzten Eiszeit lag der Meeresspiegel etwa 120 Meter tiefer als heute, weil viel Wasser in den Eispanzern gespeichert war. Wahrscheinlich sind über diese Landbrücke die ersten Ureinwohner Amerikas von Asien nach Nordamerika gewandert.

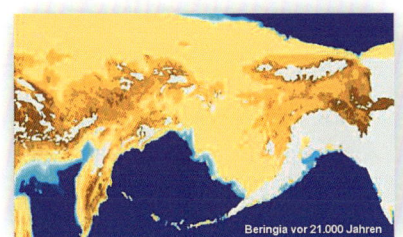

Beringia vor 21.000 Jahren

Sibirien, Beringstraße und Alaska heute

»Wassertransporter«

Wenn wir ans Meer fahren und aufs Wasser blicken, sehen wir Wellen, die sich an der Küste brechen. Was wir nicht sehen: Das Meer bewegt sich auch tief in seinem Inneren. Das Wasser strömt wie auf Autobahnen kreuz und quer durch alle Ozeane. Diese Meeresströmungen beeinflussen unser Wetter enorm. Denn wo sie kaltes Wasser hintransportieren, herrscht kälteres Wetter. Und dort, wo das Wasser warm ist, ist auch das Wetter warm. Ein Beispiel: Der Golfstrom schaufelt warmes Wasser aus dem Golf von Mexiko bis nach Europa. Darum ist es bei uns milder als in vergleichbaren Regionen in Kanada oder Sibirien. Aber was treibt diese Meeresströmung an? Der Golfstrom ist die wichtigste Meeresströmung im Nordatlantik. Der Golf von Mexiko hat ihm zwar seinen Namen gegeben, weil warmes Wasser aus dem Golf von Mexiko nach Norden strömt. Das eigentliche Entstehungsgebiet des Golfstroms befindet sich aber im Nordpolarmeer, an der Packeisgrenze zwischen Island und Spitzbergen.

Oben warm und unten kalt

Dort, wo die Eisschollen im Wasser treiben, ist es eisig kalt und das Wasser gefriert zu Eis. Beim Gefrieren bleibt das Salz jedoch im Wasser – das gefrorene Eis besteht nur aus Süßwasser! An der Eiskante ist das Wasser also nicht nur kalt, sondern auch noch besonders salzig. Beides – die Kälte und das Salz – machen an der Meeresoberfläche das Wasser schwer. Es sinkt nach unten auf den Meeresgrund. Und zwar in gewaltigen Mengen – wie in einem riesigen Wasserfall, der so groß ist wie Deutschland. Wenn das Wasser absinkt, muss an der Meeresoberfläche

Meeresströmungen beeinflussen unser Wetter. Der Golfstrom transportiert warmes Wasser vom Golf von Mexiko bis nach Europa. Er ist unsere »Warmwasserheizung« und sorgt dafür, dass im Winter die Häfen sogar in Nordskandinavien eisfrei bleiben.

Nordamerika

Golfstrom

Nord-Äquat.-Strom

Südamerika

Peru-Strom

Die Wassertemperatur wird einerseits mit Schiffen und Messbojen mithilfe elektronischer Thermometer gemessen. Auf Forschungsschiffen wird sie aber auch heute noch mit einer »Pütz« – einem Wassereimer – bestimmt. Mit dem Eimer schöpft man Wasser aus dem Meer, hält ein Thermometer hinein und misst die Wassertemperatur.

neues Wasser hinterherfließen. Das ist das warme Wasser aus der Karibik und dem Golf von Mexiko. Es wird vom Nordatlantik »angesaugt«. Während also oben das warme Wasser strömt, fließt unten am Meeresgrund das abgesunkene Wasser zurück durch den ganzen Atlantik in die anderen Ozeane. So sind alle Meeresströmungen miteinander verbunden.

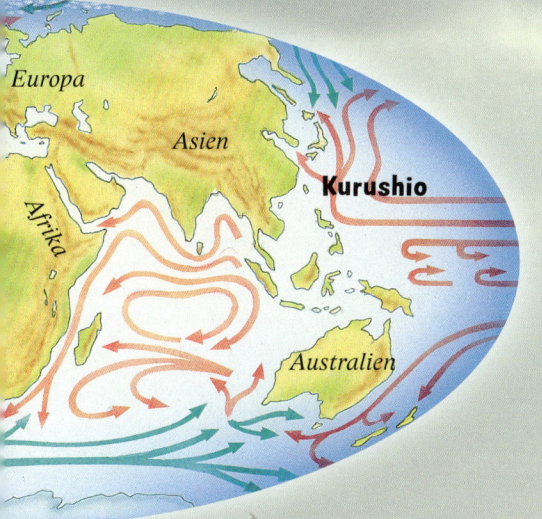

»El Niño«

»El Niño« heißt eines der bekanntesten Phänomene, das alle paar Jahre in vielen Teilen der Erde das Wetter verändert. Und warum? Weil sich im Pazifik, vor der Küste Südamerikas, schlagartig die Wassertemperatur ändert. Normalerweise ist dort das Wasser kalt, es werden kaum mehr als 20 Grad Celsius erreicht. Alle paar Jahre schwappt allerdings 26 bis 27 Grad Celsius warmes Ozeanwasser von Indonesien einmal quer über den Pazifik bis nach Peru und Ecuador. Die plötzlich erhöhten Wassertemperaturen beeinflussen das Wetter extrem – fast überall auf der Welt: An der Pazifikküste Südamerikas und im Westen der USA kommt es zu verheerenden Überschwemmungen. Die sonst feuchten Regenwaldgebiete am Amazonas leiden auf einmal unter Trockenheit. Ebenso wie Australien und Indonesien, wo es durch die Trockenheit vermehrt zu Waldbränden kommt. Auch Afrika ist betroffen: Trocken wird es im südlichen Afrika und Überschwemmungen werden in Ostafrika beobachtet.

Funny Fact

Wasserbeule

Entlang des warmen Golfstroms ist die Meeresoberfläche um etwa einen halben Meter nach oben gewölbt!
Merke: Warmes Wasser dehnt sich aus.

Wetter vorhersagen

Auf der ganzen Welt wird rund um die Uhr das Wetter gemessen – mithilfe von Messgeräten, die überall ähnlich sind. Insgesamt gibt es mehr als 13 000 Wetterstationen auf der Erde – und jedes Jahr werden es mehr. In den letzten Jahren wurden vor allem automatische Wetterstationen errichtet, die auch an besonders extremen Orten, wie am Nordpol, in Hochgebirgen oder in der Antarktis das Wetter messen können. Immer zur vollen Stunde werden die Messwerte aller Wetterstationen bestimmt und weltweit von Meteorologen ausgewertet. Sie können mithilfe dieser unzähligen Messdaten vorhersagen, wie das Wetter in den nächsten Tagen wird. Auch auf Deutschlands höchstem Berg, der 2 962 Meter hohen Zugspitze, steht eine Wetterwarte. Von hier werden rund um die Uhr jede Stunde Wettermeldungen weitergegeben.

Glaskugel

Mithilfe einer Glaskugel wird die Sonnenscheindauer bestimmt. Hinter der Glaskugel wird morgens vor Sonnenaufgang ein Papierstreifen befestigt. Sobald die Sonne scheint, wirkt die Glaskugel wie ein Brennglas: Die Sonnenstrahlen werden gebündelt und brennen sich in den Papierstreifen ein. So erkennt man sehr genau, wann und wie lange die Sonne schien.

Thermometer

Das wohl wichtigste Messgerät ist das Thermometer, schließlich interessiert uns alle, wie warm oder kalt es ist. Ganz wichtig: Das Thermometer muss die Temperatur im Schatten messen. Deshalb befindet es sich in einer weißen Thermometerhütte mit Lüftungsschlitzen, durch die die Luft hindurchströmen kann. Neben der aktuellen Temperatur registrieren die Thermometer die höchste und tiefste Temperatur des Tages. Die Thermometerhütte ist so montiert, dass die Lufttemperatur in zwei Metern Höhe gemessen wird.

Regenmesser

Wenn es regnet, wollen wir auch wissen, wie viel es geregnet hat. Das wird in Liter pro Quadratmeter oder in Millimeter angegeben. Wenn es einen Liter auf einen Quadratmeter geregnet hat, würde eine Pfütze genau einen Millimeter tief sein. Damit man nicht die Tiefe der Pfützen messen muss, gibt es einen runden Behälter, in dem die Regentropfen gesammelt werden. In einem Messbecher kann man direkt die Regenmenge ablesen.

Blitzortung

In Europa gibt es ein Blitzortungssystem, das aus 145 Messstationen besteht. Sie messen die elektromagnetischen Wellen, die ein Blitz in die Atmosphäre entlässt. Mit diesen Informationen lässt sich bis auf 200 Meter genau berechnen, wo und mit welcher Stärke der Blitz eingeschlagen ist. So können schwere Gewitter vorhergesagt und Bewohner eines Ortes vor Unwettern gewarnt werden.

Regenradar

Eine Radarstation kennst du vielleicht von Flughäfen. Unter einer großen runden, weißen Kuppel verbirgt sich eine Radarantenne, die Radarwellen aussendet. Diese werden von Flugzeugen zurückgeworfen und von der Radarstation wieder empfangen. Dadurch wissen die Fluglotsen ganz genau, wo sich welches Flugzeug befindet. Auch Regentropfen und Schneeflocken werfen Radarwellen wieder zurück. Mit einem Regenradar können deshalb Regenschauer oder Schneefälle sehr genau entdeckt werden.

Windrad

Weithin sichtbar dreht sich das Windrad – genauer gesagt ein dreiteiliges Schalenkreuz – in zehn Metern Höhe an einem Mast. Je windiger es ist, desto schneller dreht sich der Windmesser. Die Windrichtung wird durch eine Windfahne bestimmt, die meist direkt am Geschwindigkeitsmesser angebracht ist.

Wetterballon

Für eine Wettervorhersage ist es wichtig zu wissen, wie stark und woher der Wind in verschiedenen Höhen weht – und wie kalt es in den verschiedenen Luftschichten unserer Atmosphäre ist. Dies wird mithilfe von Wetterballons gemessen. Alle sechs Stunden steigen dafür an verschiedenen Wetterstationen Heliumballons bis in eine Höhe von etwa 20 Kilometern. An ihnen sind kleine elektronische Messgeräte befestigt, die die Messdaten zu einer Bodenstation funken.

Beobachter im All

Die Solarzellen der Sonnensegel versorgen den Satelliten mit Strom.

Manche Satelliten fliegen in nur 300 Kilometern Höhe und liefern sehr genaue Aufnahmen von der Erde.

Mithilfe des Magnetometers kann die Lage des Satelliten bestimmt werden.

Seit 1960 beobachten Wettersatelliten die Erde. Die ersten Satelliten fotografierten die Wolken und sendeten Schwarz-Weiß-Fotos zur Erde. Inzwischen gibt es viele verschiedene und leistungsfähigere Wettersatelliten. Sogenannte geostationäre Satelliten schweben in 36 000 Kilometern über der Erdoberfläche – und zwar genau über dem Äquator. Sie sind extra an genau dieser Position, damit sie sich mit der Erde mitdrehen und immer genau über demselben Ort stehen bleiben. Das hat den Vorteil, dass ein geostationärer Satellit immer Fotos von derselben Region machen kann. Alle fünf bis 15 Minuten wird ein Foto geschossen, aus denen dann ein Satellitenfilm erstellt wird. Auf dem Film ist genau zu erkennen, in welche Richtung Wolken ziehen.

Der Wärme auf der Spur

Moderne Wettersatelliten sind jedoch mehr als »nur« fliegende Fotokameras. Sie sind vollgepackt mit Messgeräten und funken viele verschiedene Daten zur Erde: Temperatur, Wolken, Wind und sogar die Höhe von Wellen! Neben einer »normalen« Kamera fotografieren Satelliten auch mit einer Infrarotkamera die Wolken. Eine Infrarotkamera misst die Wärmestrahlung, die wir mit unseren Augen nicht sehen können. Jeder Körper strahlt Wärme ab – und zwar bei jeder Temperatur unterschiedlich viel. Da Wolken an der Obergrenze meist sehr kalt sind, kann man sie auf Infrarotbildern klar von der wärmeren Erdoberfläche unterscheiden. So können Meteorologen auch nachts erkennen, wo es auf unserem Planeten Wolken gibt und wo nicht.

Über eine Antenne steht der Satellit mit der Erde in Verbindung.

Die Informationen der Wettersatelliten sind auch für die Schifffahrt eine wichtige Hilfe. Sie zeigen beispielsweise an, ob gefährliche Eisberge in der Nähe der Schiffsroute liegen. Neueste Satelliten können sogar die Wellenhöhe auf den Ozeanen auf ein paar Zentimeter genau bestimmen.

Über 1 000 Satelliten umkreisen zurzeit die Erde, etwa 40 davon sind Wettersatelliten.

➡ Schon gewusst?

Satellitenbilder zeigen uns jeden Tag, was auf der Erde gerade passiert. So spielen die »Spione im Weltraum« auch bei Naturkatastrophen eine immer wichtigere Rolle: Satelliten entdecken Vulkanausbrüche, Waldbrände, Sandstürme oder Überschwemmungen. Die Satellitenbilder helfen Feuerwehrleuten und Rettungsmannschaften einzuschätzen, wo sie helfen müssen und wie sie am besten in ein Katastrophengebiet gelangen.

Was steht auf einer Wetterkarte?

Randtief

Hochdruckgebiet

Wenn du im Internet, im Fernsehen oder in der Zeitung einen Wetterbericht siehst, kannst du oft eine Bodenwetterkarte entdecken. Das ist meistens eine Europakarte, auf der dünnere und dickere Linien sowie Buchstaben eingezeichnet sind. Diese Wetterkarte zeigt die Luftdruckverteilung am Erdboden und ist für viele Menschen ein Anhaltspunkt zur aktuellen Wettersituation.

Zehn Kilogramm Luft

Der Luftdruck ist der Druck, den die Luft der Atmosphäre auf einen Gegenstand am Erdboden ausübt – und zwar aufgrund ihres Gewichts. Und das ist groß! Auf eine Fläche so groß wie der Fingernagel deines Daumens drückt eine Masse von zehn Kilogramm! Wir spüren es nur nicht, weil der Luftdruck von überall wirkt und unser Körper in der Luft »schwimmt« wie ein Taucher unter Wasser. Bei unserem Wetter spielt der Luftdruck eine wichtige Rolle – denn er ändert sich.

Die Luft wird mal schwerer (Hochdruck) und mal leichter (Tiefdruck). In einem Hochdruckgebiet ist es meistens schön und trocken, in einem Tief hingegen feucht, bewölkt, windig und regnerisch.

Hoch und Tief

Auf einer Wetterkarte kannst du die Hoch- und Tiefdruckgebiete erkennen: Die Hochs sind mit einem »H« bezeichnet, die Tiefs mit einem »T«. Die dünnen Linien sind die »Isobaren«, die Linien gleichen Luftdrucks. Je dichter sie zusammengedrängt sind, desto windiger ist es dort. Um ein Tief herum liegen die Isobaren dichter, beim Hoch liegen sie weiter auseinander. Ein Tiefdruckgebiet verwirbelt zwei verschiedene Luftmassen: eine kalte Luftmasse aus dem Norden und eine warme Luftmasse aus dem Süden. Die Vorderseite der Warmluft heißt Warmfront, die Begrenzung zur kälteren Luft Kaltfront. Da die kalte Luft schneller ist, holt die Kaltfront die Warmfront im Laufe der Zeit ein – es entsteht eine Mischfront, die Okklusion.

Angeberwissen

▶ Um ein Hoch weht der Wind im Uhrzeigersinn, um ein Tief entgegengesetzt zum Uhrzeigersinn – allerdings nur auf der Nordhalbkugel. Auf der Südhalbkugel ist es genau umgekehrt.

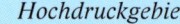

Bei jeder Wettervorhersage spielt sie eine wichtige Rolle: die Wetterkarte. Auf dieser Karte siehst du eine typische Wetterlage in Europa. Es gibt die wolkenfreien Hochs mit schönem Wetter und die Tiefdruckgebiete mit ihren Wolkenbändern: den Warm- und Kaltfronten.

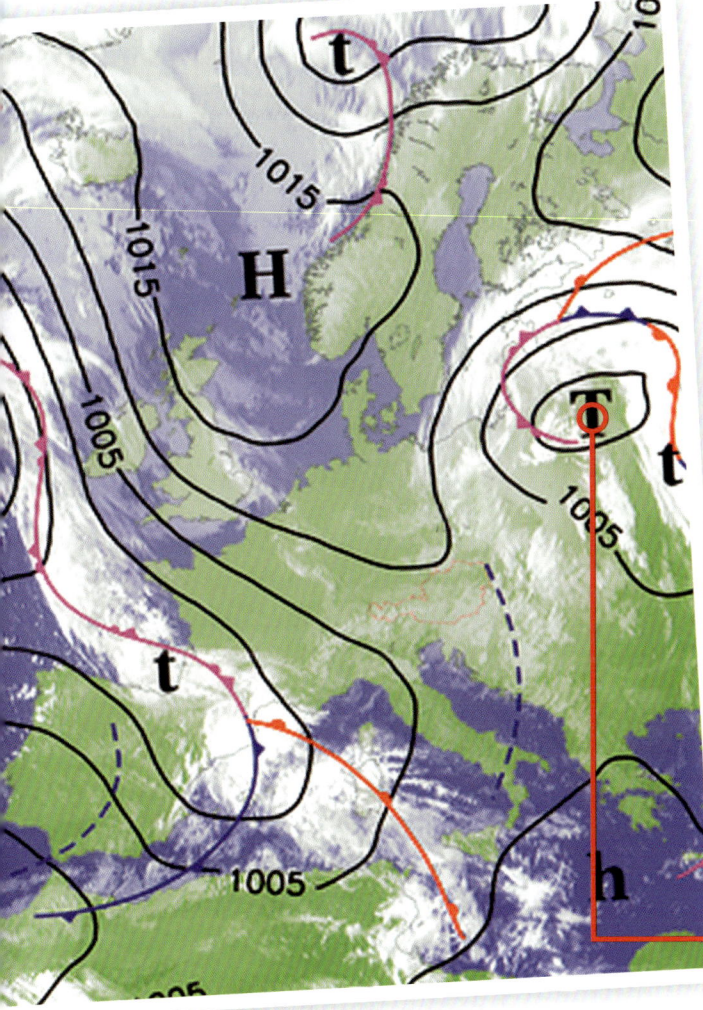

➡ Schon gewusst?

Da der Wind schräg aus dem Hoch heraus- und schräg in das Tief hineinweht, kannst du mit folgender Faustregel feststellen, wo sich das Tief befindet: Stell dich so, dass dir der Wind in den Rücken weht. Dann befindet sich das Tief links vor dir und das Hoch rechts hinter dir!

Checkliste

Für eine Wettervorhersage muss ein Meteorologe unzählige Wetterdaten auswerten. Hier siehst du eine kleine Auswahl der benötigten Messwerte:

- ☑ Lufttemperatur
- ☑ Maximum- und Minimumtemperatur
- ☑ Temperatur über dem Erdboden
- ☑ Luftfeuchtigkeit
- ☑ Windgeschwindigkeit
- ☑ Windböen
- ☑ Windrichtung
- ☑ Wolkenarten
- ☑ Höhe der Wolken
- ☑ Bedeckungsgrad des Himmels
- ☑ Luftdruck
- ☑ Wassertemperatur
- ☑ Niederschlagsart (Regen, Schnee, Graupel, Hagel)
- ☑ Niederschlagsmenge
- ☑ Sonnenscheindauer
- ☑ Sichtweite

Das Tiefdruckgebiet

Wenn sich ein Tief nähert, können wir es am Wolkenaufzug erkennen. Zuerst zeigen sich dünne hohe Schleierwolken am Himmel. Allmählich werden sie dichter, es bildet sich der Cirrostratus. Wenn die Sonne nur noch als milchige Scheibe durchscheint, spricht man vom Altostratus. Schließlich fängt es an zu regnen. Über uns hängt jetzt der Nimbostratus. Die Warmfront hat uns erreicht. Wenn der Regen aufhört, befinden wir uns im Warmsektor. Irgendwann nähert sich die Kaltfront. Dicke Quellwolken, die Cumulonimbus-Wolken, zeigen sich am Himmel – Schauer, Gewitter und Sturmböen jagen übers Land. Nach der Kaltfront reißt der Himmel rasch auf, die Luft ist klar und die Sicht hervorragend. Einige Schauer ziehen noch hinterher, aber zwischendurch scheint die Sonne. Das Tief ist abgezogen.

Ein Wetterbericht entsteht

Wer ich bin? Ich heiße Karsten Schwanke, bin Meteorologe und erstelle für das Fernsehen Wetterberichte. »Einen schönen guten Abend und herzlich Willkommen zum Wetterbericht!«, so fangen die meisten meiner Wetterberichte an. Die Vorhersage, die ich dann den Fernsehzuschauern erzähle, ist in mehreren Stunden Arbeit vorher entstanden. Das Wichtigste für eine gute Vorhersage ist der Überblick über das aktuelle Wetter. Dafür nehme ich mir viel Zeit, betrachte immer und immer wieder die Satellitenbilder und beobachte, wohin die Wolken ziehen. Die Satellitenbilder vergleiche ich mit den Messdaten von Tausenden Wetterstationen. Wie hoch sind die Temperaturen? Wie kalt war es in der letzten Nacht? Hat es irgendwo geschneit?

Gibt es Unwetter irgendwo in Europa oder auf der Welt? Ich kontrolliere auf dem Regenradar – wo es gerade regnet, wie stark es regnet – und wo der Regen hinzieht, achte auf den Blitzcomputer – sind auch Gewitter dabei?

Computer helfen

Als nächstes kümmere ich mich um die Computerberechnungen der Großrechenzentren. Hier stehen unzählige Computer, die aus den gemessenen Wetterdaten die Wetterentwicklung für die nächsten 10 bis 15 Tage berechnen. Und das alle sechs Stunden neu – denn das Wetter ändert sich ständig. Diese Computerberechnungen heißen »Modelle«. Mithilfe dieser Modellvorhersagen und des aktuellen Wetters überlege ich mir, wie das Wetter in den

Im Fernsehstudio präsentiert Karsten Schwanke das Wetter für die nächsten Tage.

Auf Satellitenfilmen erkennt man die Zugrichtung der Wolken.

Karsten Schwanke an der Wetterstation.

nächsten Tagen werden könnte. Ich berechne für die kommenden Tage die Höchst- und Tiefsttemperaturen und versuche abzuschätzen, wie stark der Wind wehen wird. Danach erstelle ich mit einem Grafikprogramm die Wetterkarten, die ich später im Fernsehen zeigen werde. Und zwischendurch – ganz wichtig – werfe ich immer wieder einen Blick auf die aktuelle Wetterentwicklung draußen. Denn ich habe noch etwas anderes im Sinn: Weil das Wetter so spannend ist, möchte ich jeden Tag den Zuschauern eine kleine Extra-geschichte über das Wetter erzählen. Und irgendwo auf der Welt finde ich sie: Sei es der meterhohe Schnee auf der Zugspitze oder die Eisbedeckung der Ostsee – oder aber Wassertemperaturen im Mittelmeer oder Hitzerekorde in Spanien oder …

➡ Schon gewusst?

Die Wettervorhersagen sind in den letzten Jahren immer genauer geworden. Moderne Satelliten und Radarbilder sowie viele neue Wetterstationen verschaffen den Meteorologen einen besseren Überblick über die aktuelle Wetterlage. Und in Rechenzentren, in denen die größten und schnellsten Computer der Welt arbeiten, wird die weitere Wetterentwicklung immer genauer berechnet. Wie warm es morgen wird – oder ob das Wetter verregnet oder grundsätzlich sonnig sein wird – können Meteorologen heutzutage gut vorhersagen.

Chaotisches Wetter

»Der Flügelschlag eines Schmetterlings im brasilianischen Regen-wald kann einen Tornado in den USA auslösen!« Das hat einmal der Meteorologe Edward Lorenz gesagt. Eine schöne Geschichte, die die Grundeigenschaft unseres Wetters ver-

deutlicht: Weil so viele einzelne Faktoren beim Wetter eine Rolle spielen, können sogar kleinste Änderungen irgendwo auf der Welt große Wirkungen in weit entfernten Regionen auslösen. Deshalb sind Vorhersagen auch nur für einen kurzen Zeitraum möglich. Meteorologen können heute für die nächsten ein bis drei Tage das Wetter sehr genau vorhersagen und bis zu einer Woche im Voraus ebenfalls noch recht genau. Vor allem kann man sehen, ob das Wetter grundsätzlich so bleibt oder ob es sich stark ändern wird. Alles darüber hinaus wird schwierig. Vollkommen unmöglich sind Aussagen darüber, ob der nächste Sommer besonders heiß wird – oder ob im Winter viel Schnee fallen wird. Dafür ist das Wetter zu chaotisch, und es hängt von viel zu vielen Faktoren ab.

Der Urmensch

Mathematik

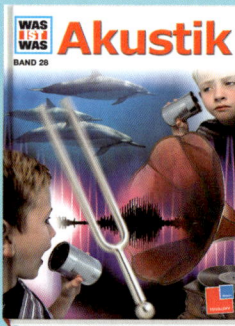
Akustik

Wissenschaften

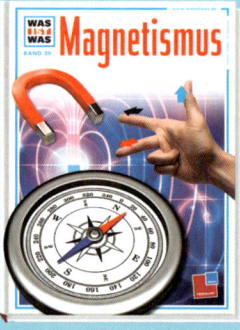
Magnetismus

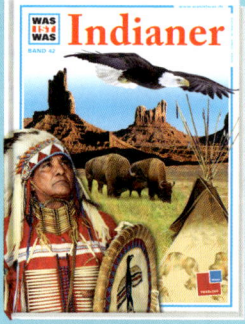
Indianer

Schmetterlinge

Mechanik

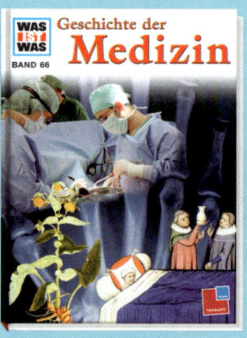
Geschichte der **Medizin**

Fossilien

Die **Sonne**

Geld

Zauberer, Hexen und **Magie**

Kriminalistik

Sternbilder und Sternzeichen

Burgen

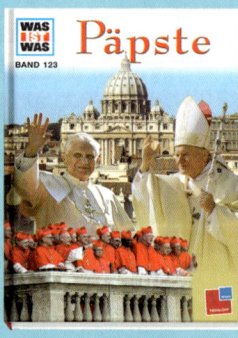
Päpste

Bergbau
Schätze der Erde

Deutschland

Ernährung